8°Yth

43/18

TK12

TIPPO-SAIB

Sweet del.   Bovinet Sculp.

TIPPO-SAËB,

TRAGÉDIE

EN CINQ ACTES ET EN VERS,

Par E. DE JOUY,

REPRÉSENTÉE POUR LA PREMIÈRE FOIS,
SUR LE THÉATRE FRANÇAIS, LE 27 JANVIER 1813.

....
Prix : 3 francs.
....

A PARIS,

Chez BARBA, libraire, au Palais-Royal,
galerie derrière le Théâtre-Français;
PILLET, libraire, rue Christine;
ROULLET, libraire, rue des Poitevins, n°. 7.
DE L'IMPRIMERIE DE P. DIDOT L'AÎNÉ.

M. DCCCXIII.

ÉPITRE DÉDICATOIRE

A MONSIEUR

CHARLES DE LONCHAMPS.

Mon ami,

Les souvenirs les plus doux de ma vie reportent sans cesse ma pensée vers les rives du Gange ; c'est là que nous nous sommes rencontrés pour la première fois ; c'est là que notre amitié a pris naissance.

Ce sentiment, accru par l'âge et fortifié par le goût des lettres, nous a suivis dans une carrière d'où la rivalité l'exclut trop souvent, et dans laquelle nous avons fait ensemble les premiers pas. L'auteur de la charmante comédie du Séducteur amoureux, de celle de la Fausse honte ; et de tant d'autres productions agréables, aurait fait plus, sans doute, que de marquer sa place parmi nos écrivains les plus spirituels, si, moins avide de succès que de bonheur et de repos, il ne se fût hâté de quitter une lice transformée depuis quelque temps en arène.

Vous m'avez privé de votre exemple, mon ami, mais vous avez continué à m'aider de vos conseils, de vos lumières; vous avez dirigé mes travaux, secondé mes efforts; et la reconnaissance me ferait un devoir de l'hommage que je vous rends, si l'amitié ne m'en fesait un plaisir, ou plutôt un besoin.

En vous dédiant, à ce double titre, un ouvrage accueilli sur la scène avec quelque bienveillance, je paie, sans l'acquitter, une dette dont je m'honore, et j'obéis à un sentiment étranger aux vaines considérations qui dictent la plupart des lettres dédicatoires.

JOUY.

PRÉFACE.

Lorsque je formai le dessein d'exposer sur la Scène Française un événement contemporain, je ne me dissimulai pas les obstacles, et surtout les préjugés nombreux contre lesquels j'aurais à lutter : je ne me rappelai pas sans découragement que Racine, Racine lui-même, crut devoir s'excuser d'avoir mis *Bajazet* au théâtre près d'un demi-siècle après la mort de ce prince. Le succès de cet admirable ouvrage, par cela même qu'il atteste la puissance d'un génie supérieur, dut augmenter ma juste défiance, et détourner ma pensée d'une tentative trop évidemment au dessus de mes forces. Au premier aperçu de mon sujet, j'avais pu me convaincre qu'il était, par sa nature même, circonscrit dans les bornes les plus étroites de la vérité historique, et que les combinaisons de l'art n'y pouvaient être employées qu'à rapprocher et à mettre en œuvre les circonstances d'une catastrophe dont plusieurs témoins existent encore au milieu de nous. Avouer que je ne

me suis fait aucune illusion sur les difficultés d'une pareille entreprise, c'est prendre l'engagement d'exposer les motifs qui m'ont fait persévérer dans son exécution. Peut-être y trouvera-t-on l'excuse de ma témérité, et celle de l'accueil bienveillant que le public a daigné faire à mon ouvrage.

J'ai passé les premières années de ma jeunesse aux Indes orientales, dans ces belles contrées qu'arrosent le Gange et l'Indus, au milieu du peuple le plus antique, le plus doux, le plus aimable de la terre; j'ai vécu sous l'influence ou plutôt sous le charme de ces mœurs immuables, de cette religion poétique dans laquelle le plus savant des orientalistes, sir William Jones, a trouvé l'origine de toutes les fables de la Grèce. Dans l'âge où le spectacle de l'oppression et du malheur laisse au fond de l'ame des impressions aussi vives que durables, j'avais été témoin des maux affreux que l'avarice et la politique anglaises ont versés sur ces climats. Un seul prince à cette époque luttait contre la plus odieuse tyrannie qui ait jamais pesé sur les peuples; ce prince était Tippô-Saëb, sultan de Myzore : j'avais été admis deux fois en sa

présence, et des relations intimes avec quelques officiers français à son service m'avaient
mis à portée de connaître son caractère, sa
noble ambition, et sa haine contre les Anglais, dont ils avaient eux-mêmes pris soin
de justifier la violence.

De retour en Europe, l'image d'un pays
que le ciel a comblé de toutes ses faveurs, et
dont les hommes ont fait le théâtre de tous
les crimes et de toutes les misères humaines,
est restée présente à ma mémoire. L'idée des
Indes se mêle à tous mes souvenirs, et l'af-
franchissement de ce berceau du monde est
devenu le rêve le plus habituel de mon imagination.

Dans cette disposition d'esprit, j'ai dû être
plus frappé qu'un autre de la catastrophe
qui mit un terme à l'empire et à la vie du
sultan de Myzore, et j'ai pu croire que le fils
d'Hyder-Aly-kan, qu'un monarque à qui ses
victoires, ses projets, et ses haines, ont mérité le surnom de Mithridate indien; j'ai pu
croire, dis-je, que Tippô-Saëb, victime de la
trahison, succombant avec gloire sous les
débris de son trône, n'était point un sujet
indigne de la Scène Française. Je n'espérais

pas trouver dans la peinture de ce grand
événement l'occasion de faire naître ces émo-
tions vives qu'excitent les passions tendres,
cet intérêt de curiosité qui résulte de la mul-
tiplicité des incidens, de la nouveauté de
leurs combinaisons; mais j'y voyais tous les
élémens d'un grand tableau historique, quelques situations fortes, des caractères pro-
noncés, des mœurs nouvelles et qui m'étaient
familières, des localités pittoresques, et un
grand fonds d'intérêt national.

Je me suis trop souvent rappelé avec indignation les outrages que le caractère français reçoit journellement sur les théâtres de
Londres, pour ne pas me prévaloir de l'occasion qui m'était offerte d'exposer sur notre
scène les crimes les plus avérés du cabinet
britannique. Sans me croire autorisé, par
l'exemple des auteurs anglais, à outrager
un peuple entier par des imputations ab-
surdes ou calomnieuses, je me suis promis
de me défendre avec plus de soin encore
de cette générosité sans fruit, et, disons-le,
sans dignité, qui nous porte (presque toujours aux dépens de la vérité) à relever
au théâtre les personnages d'une nation

constamment ennemie, même au sein de la paix.

Tels ont été les motifs qui m'ont déterminé dans le choix de mon sujet. Son exécution a donné lieu à beaucoup de critiques (au nombre desquelles je ne compte ni les satires ni les parodies); j'ai fait mon profit des unes, je demande la permission d'examiner les autres.

On m'a fait un reproche d'une simplicité d'action que je me suis imposée volontairement, et à laquelle je me crois en grande partie redevable des suffrages que j'ai obtenus. Il m'eût été facile (je puis le dire avec d'autant plus d'assurance que ma tragédie avait d'abord été composée sur ce plan) de supposer entre le général français et la fille du sultan un amour dont les développemens et la révélation pouvaient nouer plus fortement l'intrigue, et devenir la source de cette espèce d'intérêt auquel le cœur humain est le plus accessible ; mais je ne tardai pas à m'apercevoir que je ne pouvais admettre une pareille supposition qu'au mépris de toute vraisemblance, de tout respect pour les mœurs locales. Une intrigue d'amour entre

un Européen et la fille d'un monarque asia-
tique, dans un pays où les femmes habitent
un asile inviolable, et ne voient d'autres
hommes, dans le cours de leur vie, que leur
père et leur époux, est une de ces absurdités
romanesques dont Le Mierre a donné l'exemple dans sa tragédie de la *Veuve du Malabar*,
mais que le succès même ne saurait justifier;
je ne doute pas qu'elle n'eût paru plus ré-
voltante encore dans un sujet historique que
dans un sujet purement d'invention.

Des hommes dont l'opinion est d'un grand
poids à mes yeux ont paru s'accorder sur ce
point de critique : « que dans ma pièce la si-
« tuation constamment désespérée du per-
« sonnage principal n'offrait point à un degré
« suffisant ces alternatives de crainte et d'es-
« poir, qui sont un des ressorts les plus puis-
« sans de l'art dramatique. » Tout en recon-
naissant l'excellence du précepte, je ne pense
pas qu'il soit dans tout les cas d'une applica-
tion également rigoureuse : les personnages
de *Phèdre* et d'*Ariane*, dans les deux tragé-
dies de ce nom, en offrent la preuve irrécu-
sable; leur situation, évidemment désespérée,
n'éprouve pas, ne peut éprouver aucun chan-

gement, et l'intérêt déchirant qu'inspirent ces
deux filles de Minos résulte précisément d'un
malheur irréparable, dont on prévoit le terme
aussitôt qu'on en connaît la cause. Mais sans
chercher une excuse dans des exceptions dont
le génie s'est réservé le privilége, je me borne
à faire observer que je me suis renfermé dans
la règle autant qu'il m'a été possible, et il ne
me semble pas juste de dire que dans cette
tragédie la situation du personnage principal
soit toujours la même ; son danger est immi-
nent, mais il n'est jamais sans ressources : la
victoire remportée sur les Anglais dans le
premier acte, l'arrivée de l'ambassadeur dans
le second, l'approche du secours qu'amène
le roi des Abdalis dans le troisième, enfin la
punition du ministre conspirateur au commencement du cinquième, sont autant d'incidens qui modifient l'action principale, et
soutiennent l'espoir jusqu'à la catastrophe.

En accordant quelques éloges à la peinture
des caractéres, on a taxé d'exagération quelques uns des traits sous lesquels j'ai peint le
sultan de Myzore, et principalement la haine
frénétique dont je le représente animé contre
les Anglais : cependant je suis loin d'en avoir

retracé la farouche énergie ; j'invoque sur ce
point, et sur tout ce qui a rapport à la vérité
des faits, une autorité dont il est rare qu'un
auteur tragique puisse se prévaloir ; celle
d'un témoin vivant, de ce même officier français que j'ai présenté dans ma tragédie sous
le nom de Raymond, et que le hasard des
événemens rend aujourd'hui spectateur au
théâtre d'une action à laquelle il a pris une
part honorable dans les Indes.

Le style de cet ouvrage a été jugé à la scène
plus favorablement que je n'osais l'attendre ;
il lui reste à subir l'épreuve de l'impression :
j'ai fait tout ce qui a dépendu de moi pour
que le public éclairé n'y trouvât pas un motif
de réformer son premier jugement.

PRÉCIS HISTORIQUE.

—

Un auteur, qui depuis s'est fait connaître par une production qui le place au nombre de nos meilleurs historiens, M. Michaud, a publié, il y a quelques années, une *Histoire des progrès et de la chute de l'empire de Myzore*, dans la dernière partie de laquelle il est fâcheux qu'il n'ait eu à consulter que des mémoires anglais. Tout à la fois avocats, juges, et, parties dans une cause que le succès a décidé en leur faveur, il est trop évident qu'ils ont écrit sous l'influence de leur intérêt et de leur politique, et qu'en admettant les faits on doit être constamment en garde contre les conséquences qu'ils en tirent, et contre la manière dont ils les présentent. J'aurai peut-être un jour l'occasion de relever quelques uns des mensonges hardis qu'ils sont parvenus à semer dans les Indes et à propager en Europe; je me borne en ce moment à jeter un coup d'œil extrêmement rapide sur un sujet que j'envisage uniquement dans ses rapports avec la composition dramatique que je publie.

Le Myzore est un royaume des Indes orientales dans la presqu'île en deçà du Gange : jusqu'à la fin du XVᵉ siècle il fit partie de la souveraineté du puissant Rajah d'Anaagondy. A cette époque des divisions intestines, résultat des progrès des armes musulmanes dans l'Indoustan, déterminèrent le gouverneur de Myzore à se rendre indépendant, et à prendre le titre de Rajah, dont ses successeurs héritèrent, ainsi que du royaume, qu'ils agrandirent par des conquêtes.

En 1759, un guerrier célèbre, Hyder-Aly-kan, général des armées du Rajah de Myzore, s'empara de l'autorité souveraine et des rênes du gouvernement qu'un prince abruti par les plaisirs laissait flotter dans ses mains. Maître du pouvoir, Hyder en dédaigna les vains attributs; il voulut que celui qu'il appelait encore son maître conservât tous les honneurs du trône; et lorsque le Rajah mourut en 1766, il mit le sceptre aux mains de son fils, et se contenta toute sa vie de celui de régent.

Hyder-Aly-kan, le plus grand homme qui ait paru en Asie depuis Alexandre, était né dans un

rang très obscur (1): entré presqu'au sortir de l'enfance au service du Grand-Mogol, il s'éleva, par la
seule force de son caractère et de son génie, du
grade de simple *naïk* (porte-enseigne) à la puissance
suprême, qu'il conserva trente ans, et dans l'exer-
cice de laquelle il déploya tous les talens d'un grand
capitaine, toutes les qualités et toutes les vertus
d'un grand roi. Maître de vastes états, accrus chaque jour par de nouvelles conquêtes, il forma le
projet de rassembler les débris dispersés de l'empire d'Aureng-Zeb; mais comme il ne pouvait se
dissimuler l'obstacle formidable que la puissance
anglaise opposerait à l'exécution d'un si noble et si
vaste dessein, il sentit la nécessité de commencer
contre elle une guerre dont la haine implacable
qu'il portait à cette nation lui fit de tout temps
un besoin.

Hyder se montra constamment l'ami fidèle des
Français, et particuliérement du célèbre Bussy
dont il avait été le compagnon d'armes, et qu'il appelait son maître. Il avait à son service un parti de

(1) Il était fils d'un *teleinga*, tisserand, à Colar, ville du
Mysore, où se trouve aujourd'hui le tombeau d'Hyder et de
Tippô-Saëb.

huit cents hommes de troupes européennes, sous
le commandement de M. de Lalley, officier français
d'un grand mérite, et qui ne lui fut pas moins
utile dans les conseils que dans les combats. Le
régent de Myzore, après six mois de négociations
conduites avec une extrême habileté, parvint pour
la seconde fois, en 1780, à coaliser contre les Anglais toutes les puissances de l'Indoustan, et se vit
à la tête d'une armée de deux cent cinquante mille
hommes, avec laquelle, après quelques revers ha-
bilement réparés, il envahit le royaume de Carnate, et s'avança jusque sous les murs de Madras.
« L'effet de ce déluge (dit un auteur anglais cité
par M. Legoux de Flaix, dans son excellent Essai
sur l'Indoustan) fut une de ces catastrophes que
l'imagination ne peut concevoir, et qu'aucune lan-
gue ne saurait exprimer : toutes les horreurs de la
guerre, connues jusque-là, sont peu de chose en
comparaison de cet épouvantable ravage. Les Anglais furent vaincus avant de combattre ; un ouragan
de feu consuma leurs provinces, et fut l'affreux
avant-coureur qui annonça au conseil souverain de
Madras la présence de son terrible ennemi. »

C'en était fait de la puissance anglaise dans cette partie du monde; si la défection des principaux alliés d'Hyder, et principalement de Nyzam-Aly, souba du Décan, contre lequel il fut obligé de tourner ses armes, n'eût donné à ses ennemis le temps et les moyens d'arrêter ses progrès; ou si le gouvernement français se fût décidé à faire passer, un an plus tôt, dans l'Indoustan les forces annoncées depuis long-temps, et qui n'arrivèrent qu'en 1781, sur l'escadre de M. le bailli de Suffren. Cet amiral dont la réputation, toute grande qu'elle est, n'est pas encore au niveau de sa gloire, fut l'objet de l'estime et de l'amitié particulière du régent de Myzore, qui vint plusieurs fois visiter l'escadre française pendant sa station à la côte Coromandel. Ce fut dans une de ces visites qu'il dit à l'amiral français ce mot, qui peut donner une idée de la grace et de la vivacité de son esprit. Hyder s'entretenant avec M. de Suffren de la force et des qualités des différens vaisseaux de l'escadre, il lui arriva de donner à un des bâtimens le nom de celui qui le commandait; le bailli en fit la remarque: « En apprenant comment s'appelle le vôtre,

b

lui répondit Hyder, je m'étais figuré que chaque
vaisseau, chez vous, portait le nom de son capitaine. » (1)

Ce grand homme, qui ..tend qu'un historien
pour prendre le rang qui ... dû entre les Alexandre, les César, et les Fré.... , mourut le 9 novem-
bre 1782, dans la capitale du royaume de Carnate
dont il venait d'achever la conquête, en exprimant
le regret de quitter la vie sans avoir exécuté ses
desseins et consommé sa vengeance.

Hydér-Aly-kan laissait un fils héritier de son
courage, et d'une haine implacable à laquelle le
jeune prince avait été lié dès l'enfance par un serment solennel. Tippô-Saëb immédiatement après
la mort de son illustre père, dont la mémoire fut
toujours pour lui l'objet de la plus tendre vénéra-
tion, prit le titre de sultan, et soutint seul, pendant trois ans, une lutte dans laquelle il obtint plus
d'une fois l'avantage. Ce fut vers la fin de cette
guerre que le général anglais Matews, pris avec le
corps d'armée qu'il commandait, périt au milieu

(1) Le vaisseau que montait M. de Suffren se nommait
LE HÉROS.

des supplices. Cet affreux événement fut la repré-
saille horrible des cruautés que les troupes aux ordres de ce général exercèrent à la prise d'Hydernagore, où les femmes du sultan furent massacrées
par les soldats anglais, après en avoir reçu le dernier
outrage. La famine épouvantable que le gouverneur
Hastings organisa dans le Bengale, à cette même
époque, et qui coûta la vie à plus de trois millions
d'Indiens, porta au plus haut degré d'exaltation ce
besoin de vengeance dont le fils d'Hyder était dé-
voré: cependant la paix conclue en 1783, entre la
France et la Grande-Bretagne, en le privant du
secours d'un puissant allié, le força de déposer pour
quelque temps les armes.

Tippô que le repos fatiguait, et qui avait sans
cesse présent à la mémoire ce principe de la politique de son père, qu'il n'y avait de salut pour les
Indes que dans une coalition de ses princes et
de la France contre l'Angleterre, envoya en 1788
des ambassadeurs à la cour de Versailles. Cette
mission eut plus d'éclat que d'utilité; la France,
tourmentée dès-lors par les approches d'une révo-
lution terrible, se contenta de renouveler son al-

liance avec le sultan de Mysore, et de lui donner des espérances qui ne devaient pas se réaliser.

Le cabinet britannique prit occasion de la démarche publique qu'avait faite auprès de la France le monarque indien, pour former contre lui une ligue secrète, et fondre à l'improviste sur ses états. Cette guerre, où le sultan eut à lutter contre les forces réunies des Anglais, des Marattes, et du souba du Décan, fut suivie d'une paix désavantageuse, qui mit entre les mains de ses ennemis quelques unes de ses places fortes les plus importantes.

Vers la fin de 1797, le sultan, humilié de la position où il se trouvait, se laissa persuader par un aventurier, capitaine de corsaire, que le gouverneur général de l'Ile-de-France se préparait à faire passer à la côte Malabar une armée de dix mille Français. Sur cet avis Tippô fit partir pour l'Ile-de-France deux ambassadeurs (Cassen Aly-kan et Mehemet Ibrahim), lesquels débarquèrent dans cette colonie au mois de janvier de 1798, et en repartirent au mois de mars suivant, accompagnés d'un faible secours de deux cents hommes et de trente officiers de toutes armes, sous le commande-

ment du colonel Chappuis de Saint-Romain, chargé
en outre d'une mission diplomatique auprès du
sultan. La frégate *la Preneuse*, qui les portait,
mouilla le 25 avril à Mangalor, port principal des
états myzoréens : le 29 juin, l'ambassade fut reçue
dans le camp de Tippô, avec tous les honneurs et
tout le faste asiatiques.

Les Anglais qui avaient paru voir sans ombrage
l'ambassade envoyée à l'Ile-de-France, et l'arrivée
de quelques Français dans le Myzore, en firent un
crime à Tippô-sultan aussitôt qu'ils eurent con-
naissance de l'expédition des Français en Egypte;
et sans égard à l'état de paix et aux traités qui lui
servaient de base, ils exigèrent de ce prince la ces-
sion de toutes ses provinces maritimes, et le renvoi
de tous les Français qui se trouvaient dans ses états.
Tippô répondit à ces humiliantes propositions avec
moins de prudence que de courage, en acceptant
la guerre dont ses ennemis le menaçaient, et à laquelle il n'était point préparé.

Au commencement de février 1799, les Anglais
dirigèrent sur les états de Tippô-sultan, par la côte
Coromandel et par celle du Malabar, deux armées

fortes ensemble de soixante mille hommes, dont vingt-cinq mille avaient été fournis par Nyzam-Aly, ce souba du Décan, le plus vil et le plus utile instrument de l'ambition anglaise dans cette partie du monde. L'armée du Coromandel était sous les ordres du général Harris, revêtu du commandement en chef, et celle du Malabar, arrivée la première sur les confins du Myzore, était commandée par le général Stuart.

Tippô-sultan marcha en personne à sa rencontre, et, dans un engagement de peu d'importance, remporta sur les Anglais un premier avantage, dont il perdit le fruit en abandonnant le général Stuart pour se porter contre le général en chef dont l'armée s'avançait vers sa capitale : il le joignit le 27 mars, au moment où il prenait position sur les hauteurs de Malavely, à huit lieues de Séringapatnam. Dans cette journée, qui décida du sort de son empire, Tippô, il faut l'avouer, se montra moins grand capitaine que soldat intrépide, et sembla combattre moins pour obtenir la victoire que pour satisfaire sa vengeance : à la tête de sa cavalerie, qu'enflammait son audace, il chargea trois fois les colonnes anglaises soutenues d'une artillerie meurtrière. Tant de courage ne fit que hâter sa perte; après deux heures du combat le plus sanglant et le plus opiniâtre, son armée fut mise en déroute, et se replia sous les murs de Séringapatnam, où le sultan fit la faute énorme de s'enfermer avec elle.

Le 18 avril l'ennemi démasqua sa première batterie; le 22 le commandant français fit une sortie nocturne dont le succès pouvait sauver la place, et dans laquelle il perdit la moitié de son monde par la perfidie du ministre Mirsadek. Il a été reconnu depuis que ce ministre (1) avait donné avis à l'ennemi d'une résolution qui n'avait eu d'autres témoins que lui, le sultan, et le commandant français. La trahison de Mirsadek, dont chaque jour du siége apportait de nouvelles preuves, ne fut cependant reconnue que le jour même de l'assaut, dont il donna lui-même le signal aux ennemis du haut d'un bastion où il commandait. Quelques Cipahis, témoins de cette action infame, en firent immédiatement justice : le traître Mirsadek fut mas-

(1) C'est ce ministre que j'ai mis en scène sous le nom de Narséa.

sacré par eux, et son corps *enseveli sous des ba-bouches*; signe du plus profond mépris dont la mémoire d'un homme puisse être flétrie parmi les Indiens.

Si l'on ne se fait pas une idée de l'empire ou plutôt de la tyrannie de l'habitude chez les Orientaux, de l'obéissance stupide avec laquelle les ordres du prince y sont exécutés; si l'on oublie que Tippô-sultan était à la fois le plus brave et le plus super-stitieux des hommes, on aura peine à croire le fait inconcevable, et pourtant avéré, dont il me reste à rendre compte. Le 4 mai, à deux heures après midi, pendant que l'assaut se donnait, au moment où le colonel Chappuis soutenait la première atta-que d'une colonne de six mille assiégeans, com-mandés par le colonel Wellesley (maintenant lord Wellington), le fils d'Hyder, l'intrépide sultan de Myzore, reposait paisiblement dans sa tente, à deux cents toises de la brèche, entre les bras d'une de ses favorites, qui périt elle-même une heure après dans la mêlée. Cette sécurité sans exemple lui avait été inspirée par ses devins en titre d'office, lesquels lui avaient prédit, le matin, que le 4 de

mai, dernier jour du mois lunaire, était pour ses
ennemis une époque fatale, pendant laquelle ils
n'oseraient rien entreprendre. D'un autre côté des
ordres avaient été donnés par Mirsadek pour que
personne ne pût approcher de la tente du prince,
et qu'aucun avis ne pût lui parvenir. Plusieurs bataillons ennemis avaient déjà gagné le haut des
remparts, lorsque Tippô, averti par le bruit des
armes du péril dont il était menacé, rallia quelques troupes à la hâte, et se précipita vers le lieu
de la principale attaque: il s'y battit en désespéré,
tua de sa main un grand nombre d'ennemis ; mais
resté presque seul, et désormais convaincu de
l'inutilité de ses efforts, il monta à cheval, et tenta
de regagner son palais, avec l'intention hautement
manifestée d'y périr avec ses enfans, qu'il aimait
avec une passion féroce. Il se retirait le long du
rempart du Nord, et, après avoir traversé le pont,
il cherchait à se frayer un passage par la porte
d'Eau qu'obstruait une foule de soldats myzoréens,
lorsqu'il tomba de cheval, frappé d'un coup dont
on ne saurait encore assigner précisément la cause.
Le corps du sultan fut trouvé sous un monceau

de cadavres vers l'extrémité extérieure de la porte
du Rivage : il avait reçu un coup de lance ou de
poignard dans les reins, et une balle de pistolet
dans la tempe droite.

Les Anglais ont eu intérêt d'écrire et de faire
croire que ce prince avait trouvé, dans les chances
du combat, la mort qu'il avait si intrépidement
affrontée ; mais en réfléchissant à la distance où se
trouvait encore l'ennemi au moment de sa chute,
à la place, au genre de ses blessures, il est difficile
de ne pas admettre l'opinion généralement reçue
dans les Indes, que Tippô-Saëb a été assassiné par
quelque créature de Mirsadek et des Anglais, au
moment où l'on put craindre qu'en entrant dans
la ville, et en gagnant une des portes qui se trouvait encore libre, il ne parvînt à leur échapper.

Telle fut la fin d'un prince que de grandes qualités et de grands défauts recommandent à la mémoire des hommes, et auquel il a manqué, pour
changer la face de l'Asie, d'avoir eu autant de force
dans l'esprit que dans le caractère, d'avoir pris
moins souvent conseil de ses passions et de ses

préjugés ; enfin d'avoir su , comme son père , allier la prudence au courage, la patience au malheur, et la modération à la prospérité.

PERSONNAGES.

TIPPO-SAEB, sultan.	MM. Talma.
RAYMOND, général français au service de Tippô.	Damas.
NARSÉA, Brame, ministre de Tippô.	Baptiste aîné.
WEYMOUR, envoyé anglais.	Michelot.
AKMED, confident de Narséa.	Colson.
IDALKAN, grand officier du palais.	Després.
LALLEY, confident de Raymond.	Demilatre.
Un officier.	Vanove.
ALDEIR, fille de Tippô.	M⁻ᵉˢ Bourgois.
ÉVANÉ, confidente d'Aldëir.	Parhat.
ABDAL ⎫ très jeunes fils de ⎧	Boissière.
MOZA ⎭ Tippô. ⎩	Adèle.

La scène est à Séringapatnam, capitale des états de Tippô-Saëb, à laquelle on a restitué son ancien nom de Mysore. Cette ville de l'Indoustan est située sur les bords du Cauvry.

Les noms des personnages, à la tête de chaque scène, sont dans l'ordre où les acteurs doivent être placés sur le théâtre.

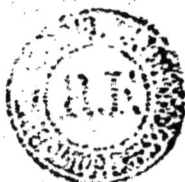

TIPPÔ-SAËB,(1)

TRAGÉDIE.

~~~~~~

ACTE PREMIER.

—

SCENE I.

NARSÉA, AKMED.

NARSÉA.

Akmed, je te revois: le destin te ramène
Dans des murs menacés d'une chute prochaine.

AKMED.

Je viens y ranimer le courage et l'espoir.
Déjà, pour satisfaire à mon premier devoir,
A Tippô cette nuit dans un rapport fidèle,
J'ai transmis les secrets confiés à mon zèle:
Du sublime sultan les vœux sont accomplis.
Vaincu par mes efforts le roi des Abdalis, (2)
Dont l'intrigue en secret enchaînait la vaillance,
Du fils du grand Hyder accepte l'alliance.

I

Ce prince audacieux, chef d'un peuple indomté,
Ce vainqueur du Mogol, des Anglais redouté,
Entraîné par l'espoir du plus noble salaire,
Vient nous prêter contre eux un appui nécessaire.

NARSÉA.

Je sais que le secours qu'il daigne nous offrir
Est le prix de la main de la jeune Aldëir.

AKMED.

Tippô, dans ses revers, peut accepter pour gendre
Un allié puissant dont il doit tout attendre,
Qui déjà de la guerre arbore l'étendard.

NARSÉA.

Ces secours, cher Akmed, arriveront trop tard.

AKMED.

Hé quoi?

NARSÉA.

Dans tous les temps ton zèle et ta prudence
Ont appelé sur toi toute ma confiance.
Nos intérêts sont joints; et surtout aujourd'hui,
Nous devons l'un à l'autre un mutuel appui.
Du jour où le destin t'éloigna de Myzore,
Akmed, tout a changé; tout va changer encore.
Cet empire ébranlé tombe de toutes parts:
Pour asile Tippô n'a plus que ces remparts;
Et contre l'ascendant du pouvoir qui l'entraîne
Les efforts seront vains, et sa chute est certaine.

AKMED.

Ne vous livrez-vous pas à de vaines terreurs?

Au milieu des revers la guerre a ses faveurs,

NARSÉA.

Non : de Malavely (3) la terrible journée
Du Myzore à jamais fixa la destinée.

AKMED.

Quelquefois les revers, mystérieux bienfaits,
De la faveur des dieux sont les gârans secrets;
Et déjà, cette nuit, la victoire et nos armes
Dans le camp de Stuart ont semé les alarmes.
Dans ce combat nocturne à jamais glorieux,
Où, malgré sa blessure, un chef audacieux,
Raymond (4), qui des Français...

NARSÉA.

Son heureuse imprudence
Au vulgaire ignorant peut rendre l'espérance.
Mieux instruit du présent, plus sûr de l'avenir,
Ce frêle et vain succès ne saurait m'éblouir.
De la race d'Hyder l'éclat ne peut renaître;
Et cet astre sanglant est prêt à disparaître.

AKMED.

Votre esprit éclairé sur des dangers nouveaux
N'admet plus, je le vois, de remède à nos maux.
Pourquoi donc ces périls pressans, inévitables,
Pour le prince et l'état, pour vous si redoutables,
Loin de vous alarmer de leur présage affreux,
Semblent-ils en secret favoriser vos vœux?

NARSÉA.

Qui n'a pu conjurer ni les vents ni l'orage

Peut sur ses débris même échapper au naufrage.
Apprends tout, cher Akmed. Tu m'as vu dans ces lieux
Ministre révéré d'un roi victorieux,
Compagnon d'un héros qu'illustra son courage,
Qui créa sa fortune, et fut son propre ouvrage;
Hyder à ses travaux daigna m'associer:
Ce grand homme à la fois législateur, guerrier,
Dans la poudre des camps élevé dès l'enfance,
Atteignit en son vol la suprême puissance.
Des rives de Surate aux remparts de Délhy,
La fortune suivit le char d'Hyder-Aly:
Maître d'un vaste empire accru par la victoire,
Et vainqueur des Anglais que tourmentait sa gloire,
Bientôt on l'aurait vu, signalant sa grandeur,
Du trône d'Aurengzeb relever la splendeur:
La mort vint l'arrêter. Ma sage prévoyance
A son fils conserva cet héritage immense;
Et d'un sceptre à ses mains disputé par vingt rois
J'instruisis sa jeunesse à supporter le poids.
Mais, tu le sais, Akmed, des vertus de son père,
Tippô n'a recueilli que l'amour de la guerre,
L'ardente ambition qui dévorait son cœur,
Et pour le nom anglais son invincible horreur.
L'esprit toujours frappé d'oracle, de présage,
Sur la foi des devins il règle son courage: (5)
Ennemi de nos dieux, il crut dans l'Indoustan
Sur nos autels détruits élever l'Alcoran.
Dans de vastes desseins égarant sa pensée,

A peine sur le trône, une ardeur insensée
Emporta loin du but un prince impétueux,
Dont j'arrêtais en vain l'élan présomptueux,
Et qui, de mes conseils affranchissant sa gloire,
De son illustre père outrageait la mémoire.
Ce Français dont la nuit sert si bien la valeur,
Qui d'un frêle laurier vient d'obtenir l'honneur,
Usurpe dans ces lieux et mes droits et mon titre;
Des volontés du prince il est le seul arbitre:
Fier de tant de pouvoir, qu'il a su me ravir,
A son joug odieux il prétend m'asservir.
Encor quelques momens; sous ma main plus heureuse
Je verrai s'abaisser cette tête orgueilleuse:
Je n'aurai plus de maître.

ARMED.

Et quels sont vos projets?

NARSÉA.

C'est du silence encor que dépend le succès:
Quand il en sera temps j'avertirai ton zèle;
Jusque-là qu'il suffise à l'amitié fidèle
D'apprendre que Stuart, en ce danger pressant,
De nos communs destins est l'unique garant;
Et qu'au gré de mes vœux; seul, je saurai conduire
Les grands événemens que ce jour doit produire.
Mais le sultan paraît.

SCENE II.

AKMED, NARSÉA, TIPPO, RAYMOND,
SOLDATS, CIPAHIS, etc.

TIPPO.

Braves amis, enfin
Les Français de la gloire ont rouvert le chemin :
Ils ont chez l'ennemi rejeté l'épouvante.
Ces lignes, ces fossés, que d'une main savante
Au pied de nos remparts l'Anglais avait tracés,
Sous l'effort de leurs bras ont été renversés.
    (montrant Raymond.)
Le sang de ce héros atteste sa vaillance.
Vous avez cette nuit commencé ma vengeance :
Cet avantage est grand, mais il ne suffit pas.
Guerriers, préparez-vous à de nouveaux combats.
Des vaillans Abdalis une armée aguerrie
S'avance ; et, de vos coups secondant la furie,
Bientôt on nous verra, poursuivant nos vainqueurs,
Repousser sur les mers un peuple d'oppresseurs.
Allez... Brave Raymond, et vous, sage Bramine,
Demeurez.
                (la suite sort.)

SCENE III.

NARSÉA, TIPPO, RAYMOND.

TIPPO.

Vous savez quel espoir me domine,
De quels ressentimens mon cœur soutient le poids;
Je ne m'aveugle pas sur mes dangers : je vois,
Quelle que soit du ciel la faveur peu commune,
Qu'il faut plus d'un combat pour changer ma fortune
Les Anglais... quelle honte!... envahissent ces lieux.
D'intrigues, de complots, artisans odieux,
Sur nous ils ont enfin usurpé la victoire;
Le Myzore est par eux dépouillé de sa gloire,
Et je me vois réduit à cette extrémité
De défendre contre eux ma dernière cité.
Le souverain d'Asmer, le prince de Lahore
(Seuls amis sur lesquels je puis compter encore),
Attaqués par le Perse, au sein de leurs foyers,
A leur propre défense appellent leurs guerriers.
Du Décan avili le prince mercenaire,
Nyzam (6), vend aux Anglais sa honte auxiliaire.
Subjugués ou séduits, mes lâches alliés,
Trahissant les sermens dont ils étaient liés,
Servent de nos tyrans la cause criminelle.
Le chef des Abdalis embrasse ma querelle;
Mais il est loin encore : attendant son appui,

Contre un dernier revers armons-nous aujourd'hui.
    (*à Raymond.*)
D'un combat dont l'issue honore ton courage
De nombreux prisonniers dans nos mains sont le gage :
L'ennemi me connaît ; il tremble sur leur sort.
A des captifs anglais je ne dois que la mort.
Je veux bien toutefois du courroux qui m'anime
Réprimer un seul jour le transport légitime.
Du Cauvry que l'Anglais abandonnant les bords
Des murs que je défends détourne ses efforts ;
Qu'il accepte une trève ; et, maîtrisant ma haine,
Je rends les prisonniers que je tiens dans ma chaîne :
S'il refuse (en secret j'en forme le desir),
S'il refuse... ce jour les verra tous périr.
Telle est ma volonté ; Stuart va la connaître.

NARSÉA.

De tes vastes états quand il se croit le maître,
Aux vœux de son oigueil il mesure ses droits.
Fais trembler nos vainqueurs en leur dictant des lois.
Que leur fuite en ce jour désarme ta justice ;
Ou de leurs compagnons ordonne le supplice.
Dans un dessein si grand, et si digne de toi,
Qui d'entre nous pourrait ne pas t'affermir ?

RAYMOND.

                                        Moi.

Sultan, pour te servir attends tout de mon zèle ;
Mais à la vérité je resterai fidèle :
A ce devoir sacré devant toi j'obéis,

Quand j'ose en ce moment combattre ton avis.
Pour sauver ces captifs que la guerre te livre,
Tu veux qu'un ennemi, que le succès enivre,
Qui voit dans l'avenir des triomphes nouveaux,
Perde honteusement le fruit de ses travaux?
Son refus est certain; et si rien ne t'arrête
Tu peux des prisonniers faire tomber la tête.
Mais à les immoler quel espoir te conduit?
Et de leur sang enfin quel doit être le fruit?
D'accroître la terreur au milieu des batailles;
D'attirer sur les tiens de justes représailles;
D'armer nos ennemis, même au sein des revers,
Des droits de l'équité, des vœux de l'univers;
De ravir à la paix sa dernière espérance,
Et de flétrir ta gloire en servant ta vengeance.

TIPPÔ.

Je suis le fils d'Hyder; une invincible horreur
Au seul nom des Anglais fait tressaillir mon cœur.
Pour cette nation fourbe, avare, cruelle,
Je porte dans mon sein la haine paternelle.
Que sert de s'aveugler? et quel dieu désormais
Entre ce peuple et moi peut rétablir la paix?
Il n'en est point pour lui tandis que je respire:
Je vis pour sa ruine; à ma mort il aspire;
Et de la lutte extrême où je suis engagé
Si je ne sors vainqueur, je veux mourir vengé.
Toi-même, qui défends ces coupables victimes,
Des tyrans de l'Asie as-tu compté les crimes? (7)

Vois des plus noirs forfaits l'exécrable artisan,
Clive, au sein de la paix embraser l'Indoustan,
Par le fer, le poison, suppléant au courage,
Des rois qu'il assassine envahir l'héritage.
Détournes-tu les yeux de ce monstre oppresseur;
Plus cruel et plus vil, son lâche successeur,
Pour étancher la soif de l'or qui le domine,
Dans nos fertiles champs fait naître la famine :
Trois millions d'Indiens expirent sur ces bords;
Le Gange épouvanté ne roule que des morts;
Tandis que leurs bourreaux au sein de l'abondance
Calculent les produits de ce désastre immense.
De tant d'infortunés les cris, les pleurs amers,
Les longs gémissemens ont traversé les mers;
Et de ce grand forfait l'Europe accusatrice
Dix ans, sans l'obtenir, a demandé justice.
As-tu donc oublié cette ville d'Hyder
Que Duncan (8) détruisit par la flamme et le fer?
Sur ses débris fumans mes femmes outragées,
Et pour comble d'horreur lâchement égorgées?
Il a payé bien cher ses exploits inhumains!
Le barbare à son tour est tombé dans mes mains,
Et le supplice affreux qui fut sa récompense,
Sans calmer ma fureur, fatigua ma vengeance.
Des sables de Corée aux rivages d'Ormus,
Des mers de Taprobane aux sources de l'Indus,
Suis ces persécuteurs des nations tremblantes,
Leurs pas laissent partout des empreintes sanglantes,

Et, partout détestés, ces brigands d'Albion
Ont mérité l'horreur que j'attache à leur nom.

NARSÉA.

Étranger à nos maux, comme à notre patrie,
Raymond seul peut blâmer cette juste furie,
Ces transports généreux que nous partageons tous.
Les Anglais...

RAYMOND.

Narséa, je les hais plus que vous.
Je compte en frémissant leurs crimes politiques,
Leurs lâches trahisons, leurs rigueurs tyranniques ;
Je vois tous leurs forfaits : mais pour les détester
Peut-être faudrait-il ne les pas imiter.

TIPPÔ.

Même en les imitant, je n'en suis pas complice ;
Ce qui fut crime en eux en moi sera justice.
Quand du sort ennemi l'inflexible rigueur
Nous laisse sans espoir seuls avec le malheur,
Tout devient légitime alors pour la défense,
Et l'audace elle même est encor la prudence.

RAYMOND.

Quels timides avis m'a-t-on vu proposer?
Oui, prince, il est trop vrai, nous devons tout oser.
Sans doute l'ennemi, qu'instruisent ses alarmes,
S'est applaudi trop tôt du succès de ses armes.
Sur l'avenir enfin si je jette les yeux,
Je vois que le temps seul peut manquer à nos vœux.
De ton noble allié, que ses exploits devancent,

'A grands pas vers ces murs les cohortes s'avancent;
Tandis que sur le Nil le héros des Français,
Embrassant ta défense en ses vastes projets,
Pour s'unir à ton sort et délivrer l'Asie,
Peut franchir en vingt jours les mers de l'Arabie.
Cependant voulons-nous d'un espoir si prochain
Donner à la fortune un gage plus certain;
Au devant de ses pas que ta valeur nous guide.
Un siége a ses hasards; et dans cet art perfide,
Où triomphent la ruse et ses piéges trompeurs,
Les Anglais plus que nous ont droit d'être vainqueurs.
Ne les attendons pas; sortons de nos murailles:
Cherchons notre salut au milieu des batailles,
Et par delà les monts qui bordent tes états
Du souvenir d'Hyder épouvantons Madras.

NARSÉA.

Quoi! lorsque ton armée affaiblie, incertaine,
Derrière nos remparts se défend avec peine,
Que des secours sont prêts, que d'autres sont promis,
On veut que sans espoir bravant tes ennemis,
Du Myzore conquis tu leur livres le reste!
Qu'exigent-ils de plus? et quelle erreur funeste,
Egarant un héros par son zèle emporté,
Inspira cet avis que Stuart eût dicté?
Oui: frappons leurs captifs; effrayons ces barbares,
Dans le meurtre hardis, mais de leur sang avares:
Pour racheter celui que ta main peut verser,
Ils subiront l'arrêt que tu vas prononcer.

RAYMOND.

Sur un pareil projet je n'ai plus rien à dire;
Et devant toi, seigneur, je saurai m'interdire...

SCENE IV.

NARSÉA, un officier du palais, TIPPO,
RAYMOND.

L'OFFICIER.

(*il s'approche, s'agenouille, et dépose sur un
coussin, aux pieds du sultan, l'écrit dont il est
porteur.*)
De la porte du Nord ton esclave à l'instant
Dépose à tes genoux ce message important.
(*sur un geste du sultan l'officier sort.*)

TIPPO, à Narséa.

Prends, et lis.

NARSÉA, à part.

Voici l'heure; armons-nous de prudence.
(*après avoir lu.*)
De l'armée ennemie un envoyé s'avance:
Les plus grands intérêts l'amènent dans ces lieux.
S'il obtient la faveur d'être admis à tes yeux,
Il veut... mais je m'arrête; et le respect m'ordonne...

TIPPO.

Poursuis.

NARSÉA.

Cet envoyé, que la crainte environne,
Pour garant dans ces murs veut avoir désormais
La parole et l'honneur du général français.

TIPPÔ.

Puisqu'il sert mes desseins, qu'importe son offense?
Qu'il vienne, j'y consens.

NARSÉA.

              Sans doute sa présence
Nous assure la trève objet de tous nos vœux.

RAYMOND.

Je crains d'un ennemi les présens dangereux.
Le nôtre en ce moment déguise son audace:
De ses coups plus certains il vient marquer la place;
Et, par l'organe impur de son ambassadeur,
Marchander notre mort, ou notre déshonneur.

TIPPÔ.

N'importe; il faut le voir: par lui je veux apprendre
D'un ennemi prudent ce que je dois attendre.
Raymond, guide ses pas; je le livre à ta foi;
Et qu'il soit dès ce jour introduit devant moi.

RAYMOND.

Sans partager l'espoir où Narséa se fonde,
J'obéis... Mais, seigneur, s'il faut que je réponde
De l'étranger admis par ton ordre en ces lieux,
Je sais tout ce qu'exige un soin religieux.
Nul autre à ce devoir ne pourra me soustraire:
En offrant de l'honneur le gage tutélaire,

Je m'impose la loi de faire respecter
Les saints engagemens que je vais contracter.

(il sort.)

SCENE V.

NARSÉA, TIPPO.

TIPPÔ.

On ne m'a point trompé par un frivole augure:
Narséa, sur mon sort chaque instant me rassure;
Ce mage, ce vieillard dont l'œil audacieux
Sur l'avenir obscur interroge les cieux,
D'un astre bienfaisant m'annonce la présence.
L'interprète sacré promet à ma vengeance,
Que des bords de l'abîme entr'ouvert devant môi
A mes fiers ennemis j'imposerai la loi.

NARSÉA.

Espère tout, sultan; de la faveur céleste
Ce jour porte à mes yeux le signe manifeste.
Cependant, sans vouloir sur sa fidélité
Appeler un soupçon par moi-même écarté,
Raymond, si j'ose ici dire ce que je pense,
Sans l'alarmer encore étonne ma prudence.
D'où vient que les Anglais réclament son appui?
Dans ce lieu, dans ce jour, qu'espèrent-ils de lui?

TIPPÔ.

Si je connaissais moins sa vertu, son courage,

De ce rapport secret je pourrais prendre ombrage....
Qui pourrait élever un doute sur sa foi?
Il combat en héros, son sang coula pour moi...
Le sort n'ébranle pas cette ame peu commune,
Et Raymond ne saurait trahir mon infortune.
Mais de nos ennemis quels que soient les projets,
Crois-moi, j'en saurai bien prévenir les effets.
Par les mains de l'agent que Stuart nous envoie,
Voudrait-il à la paix se frayer une voie?
Je feins d'y consentir: par de sages lenteurs
J'entoure l'ennemi de piéges destructeurs;
J'achète le secours de l'avide Maratte:
Ce torrent, à ma voix, inonde le Carnate;
Et tandis que les vents, qui règnent sur les eaux, (9)
De nos bords rassurés éloignent leurs vaisseaux,
Des braves Abdalis les phalanges guerrières
Des monts du Malabar leur ferment les barrières.
Je romps la trève alors; et, vengeant l'univers,
Je répare en un jour ma honte et mes revers.
Mais si leur politique a deviné la mienne,
S'il faut que leur audace aujourd'hui me prévienne,
Et me force, privé de tout autre pouvoir,
A chercher mon salut dans mon seul désespoir;
Oui, je veux, Narséa, je veux dans leur mémoire
Graver en traits de sang leur dernière victoire,
Et prévoyant mon sort, sans en être surpris,
Même avant le combat m'en assurer le prix.
Achève cependant de lire dans mon ame.

Dans ces murs dévastés par le fer et la flamme,
Dont cent foudres d'airain dispersent les débris,
Cher Narséa, mes fils!... ma fille!... je frémis...
Victimes des fureurs que la guerre déploie,
D'un vainqueur insolent pourraient être la proie,
Ou, fuyant à l'aspect d'un soldat furieux,
Sous le glaive homicide expirer à mes yeux.
Je ne puis soutenir cette image funeste.

NARSÉA.

Pour des enfans si chers un asile nous reste:
De la porte d'Hyder toi seul es maître encor;
Le trajet n'est pas long aux murs de Cananor,
Et la reine (10), en tous temps à l'amitié fidèle,
Par d'utiles efforts nous a prouvé son zèle.
D'Aldéir, de tes fils, au sein de ses états
Qu'une escorte française accompagne les pas;
Que Raymond la commande.

TIPPÔ, *après un moment d'hésitation.*

Oui: j'en crois ta sagesse;
Sauvons-les des périls dont frémit ma tendresse,
Les seuls que je ne puis regarder sans effroi;
Et libre, n'ayant plus à craindre que pour moi,
Luttant contre le ciel dont le courroux m'accable,
Elevons sous l'orage un front inaltérable.

FIN DU PREMIER ACTE.

2

ACTE SECOND.

SCENE I.

ÉVANÉ, ALDEIR.

ÉVANÉ.

N'en doutez plus, madame, aujourd'hui les Anglais
Députent vers Saëb un ministre de paix;
Aux vertus d'un héros rendant un juste hommage,
Dans les mains de Raymond il se livre en otage.

ALDEIR.

Puisqu'il ose invoquer un pareil protecteur,
Je pourrais à l'espoir ouvrir encor mon cœur.
Mais, je vois tous nos maux; peut-être de mon père
Dois-je craindre surtout l'implacable colère;
De la nécessité loin d'écouter la voix,
Il compte ses malheurs au nombre de ses droits.
Par trop de fermeté son généreux courage
Peut, d'un moment si cher dédaignant l'avantage,
Cherchant dans les combats un éclatant écueil,
Repousser une paix offerte avec orgueil.

ÉVANÉ.

En l'offrant le vainqueur écoute la prudence.

ALDEIR.

Qu'a-t-il à redouter?

ÉVANÉ.

Si j'en crois l'assurance
D'un bruit que le sultan lui-même a confirmé,
Un monarque puissant pour notre cause armé,
Dans l'attente d'un bien où lui seul peut prétendre,
Vient partager ici l'honneur de vous défendre.
Suivi de ses guerriers, il marche vers ces bords.

ALDEIR.

Que peut-il espérer de ses tardifs efforts?
Pense-t-il vaincre aux lieux où succombe mon père?
Fera-t-il plus pour nous que Raymond n'a pu faire?
Mais, pour prix du secours qu'il vient nous présenter,
Dis-moi, de quel salaire a-t-on pu le flatter?

ÉVANÉ.

Sans doute il en est un qui des rois de l'Asie
Pourrait même en ce jour armer la jalousie,
Auquel dut aspirer... D'un regard indiscret
Je n'ose approfondir cet auguste secret,
Que médita, madame, un père qui vous aime,
Et qu'il doit à l'instant vous révéler lui-même.

ALDEIR.

Oh! ma chère Evané, de quel nouveau malheur,
De quel subit effroi viens-tu glacer mon cœur?
Toi, dont les soins si doux, dont l'active tendresse,
Ont de mes premiers ans dirigé la faiblesse,
Tu sais quel amour pur, quels sentimens pieux,

Ont dans un seul desir confondu tous mes vœux;
Qu'il se borna toujours à vivre pour mon père;
Qu'à tout autre bonheur mon ame est étrangère:
Juge avec quel chagrin je pourrais recevoir
Cet ordre rigoureux que tu sembles prévoir,
Dont la crainte m'agite et me poursuit sans cesse.

ÉVANÉ.

Le sultan vient.

SCENE II.

TIPPO, ALDEIR.

TIPPO.
(à Evané.)

Sortez... Ma fille, le temps presse,
Il faut en profiter. Je viens à votre cœur
D'un noble sacrifice imposer la rigueur,
Vous donner à regret un ordre qui m'afflige:
Mais le devoir le veut, et mon amour l'exige.
Il faut nous séparer... Ecoutez, Aldeir,
Et prononcez vous-même avant que d'obéir.
Voyez, après vingt ans du sort le plus prospère,
En quel état le ciel a réduit votre père.
D'avides étrangers ravagent ces climats,
Où votre illustre aieul a fondé des états.
De ce torrent grossi de ses propres ravages

Les flots long-temps vaincus, franchissant nos rivages,
Ont enfin ébranlé dans leur fougueux essor
Ces murs, dernier asile où je les brave encor.
S'il me faut y périr, succombant avec gloire,
Je veux de ma ruine illustrer la mémoire.
Mais dans ce choc terrible, inévitable, affreux,
Que prépare l'Anglais et qu'appellent mes vœux,
J'ai prévu tes dangers; et ma tendresse extrême
Doit conserver des jours plus chers que les miens même;
Tandis que d'un combat hautement annoncé
Cette nuit l'ennemi se croira menacé,
Par les détours cachés d'une route secrète
Raymond hors de ces murs va guider ta retraite.

ALDEIR.

Mon cœur, entre la crainte et l'espoir suspendu,
A cet ordre, seigneur, ne s'est point attendu.
Lorsqu'un succès brillant obtenu par vos armes
Parmi nos ennemis a semé les alarmes;
Que leur ambassadeur vient peut-être en ce jour,
De la paix sur ces bords préparer le retour;
Je ne prévoyais pas qu'un pareil avantage
De mon fatal exil dût être le présage.
Par un espoir trompeur si j'ai pu m'abuser,
A des revers plus grands s'il faut nous disposer,
Pourquoi loin de mon père, à gémir condamnée,
Irais-je en d'autres lieux subir ma destinée?
Depuis quand vos périls ne sont-ils plus les miens?
Quel pouvoir a rompu d'aussi tendres liens?

Fière de votre appui, dois-je en chercher un autre?
Ma vie est tout entière attachée à la vôtre,
Et j'accepte du ciel, comme un don révéré,
Du malheur avec vous le partage sacré.

TIPPO.

Ma fille fera plus : d'elle je dois attendre
Une soumission dont mon sort va dépendre.
Il me reste un espoir où se livre mon cœur.
Le ciel à mon secours a conduit un vengeur,
Qui des bords du Scander nous amène à sa suite
Des guerriers Abdalis les phalanges d'élite :
Ce prince, dès long-temps par la gloire avoué,
A ma cause, à ma haine aujourd'hui dévoué,
Qui sert mes grands desseins, qui prévient ma ruine,
Sha-Zeman (11), est l'époux que mon choix vous destine.

ALDEIR.

Si pour sauver mon père en ces jours malheureux,
De l'hymen loin de lui je dois serrer les nœuds,
Quel que soit le chagrin dont mon ame est atteinte,
Il n'entendra de moi ni murmure ni plainte :
Ce pénible devoir qu'il me faut accomplir,
Quand vous l'ordonnerez je saurai le remplir.
Mais pardonnez, seigneur, ma juste défiance.
Quel peut être le fruit d'une telle alliance?
Déjà ce roi du nord, à l'intérêt lié,
Deux fois par ses délais trompa votre amitié,
Alors que vos succès encourageaient son zèle.
Au serment du malheur sera-t-il plus fidèle?

TIPPÔ.

Il s'avance en vainqueur à travers l'Indoustan;
C'est pour nous qu'il combat.

SCENE III.

TIPPO, ALDEIR, RAYMOND.

RAYMOND.

Du sublime sultan
L'envoyé de Stuart attend l'ordre suprème.

TIPPÔ.

Retirez-vous, ma fille; un père qui vous aime
Voudrait ne rien devoir à son autorité:
Vous avez entendu quelle est ma volonté.

(*Aldéir sort.*)

(à *Raymond.*)

Je consens qu'au palais Idalkan l'introduise,
Et de tous les honneurs que son rang autorise,
Dont l'éclat peut flatter son orgueil étonné,
Par tes soins à ma cour qu'il soit environné.
Les devins consultés vont me faire connaître
L'instant où devant moi l'étranger doit paraître.

(*Tippô sort.*)

SCENE IV.

RAYMOND, LALLEY.

LALLEY.

Enfin l'ambassadeur dans ces murs est entré :
Le peuple, à son aspect d'espérance enivré,
De la paix qu'il desire en lui croit voir le gage,
Et d'un si grand bienfait à vous seul rend hommage.

RAYMOND.

Il se trompe, Lalley; j'ignore les projets
Qui conduisent ici l'envoyé des Anglais;
Mais je connais trop bien l'esprit qui les anime
Pour attendre rien d'eux quand le sort nous opprime.

LALLEY.

S'il détruit un espoir qui brille à tous les yeux,
Ce ministre imprudent doit tout craindre en ces lieux.

RAYMOND.

Je l'ai pris sous ma garde.

LALLEY.

               En vain pour sa défense
Raymond opposerait sa noble résistance.
Consultez vos périls.

RAYMOND.

             J'ai consulté mon cœur.

LALLEY.

Il y va de vos jours.

RAYMOND.

Il y va de l'honneur.

LALLEY.

Pourquoi vous imposer une chaîne nouvelle?
Déjà par tant de maux la fortune cruelle
Dans ces tristes remparts signale son courroux:
Vous lui prêtez encor des armes contre vous.
Je crains de Narséa les intrigues obscures;
Il peut accréditer de noires impostures:
Il vous hait.

RAYMOND.

Je connais ce brame ambitieux;
Et le ciel, pour trahir ses secrets odieux,
Attacha sur son front la double ignominie
Et de la servitude et de la tyrannie.
Si j'en crois des soupçons dès long-temps affermis,
Ce ministre conspire avec nos ennemis.

LALLEY.

Pour lui d'un tel complot quel serait l'avantage?

RAYMOND.

De s'assurer un port dans ce terrible orage,
Et, du parti vaincu lâchement déserteur,
De trouver son salut dans les rangs du vainqueur.
Il dresse autour de nous ses embûches funèbres;
Mais un œil vigilant le suit dans les ténèbres.

LALLEY.

La fortune trahit vos desseins généreux.
Aux tourmens de l'exil condamnés tous les deux,

De nous en délivrer n'est-il plus d'espérance?
C'est au delà des mers, aux rives de la France,
Chez ce peuple aux combats par la victoire instruit,
Que l'obstacle encourage et que l'honneur conduit;
C'est là que brilleraient, auprès du rang suprême,
Ces vertus d'un héros que j'honore et que j'aime.
Tandis qu'en ces climats sur des bords étrangers,
Hérissés pour nous seuls de stériles dangers,
Sans fruit nous prodiguons aux tyrans de l'Asie
Des jours mieux employés à servir la patrie.

RAYMOND.

Où la servirions-nous avec plus de succès?
Ne combattons-nous pas l'ennemi des Français?
C'est ici, cher Lalley, qu'un jour, vengeant la terre,
Un bras victorieux doit frapper l'Angleterre.
Les peuples, qu'avilit un pouvoir destructeur,
En s'armant à la voix de leur libérateur,
Verront l'Inde échapper aux mains qui l'ont soumise,
Et le Gange affranchi des lois de la Tamise.

SCENE V.

WEYMOUR, IDALKAN, RAYMOND, suite.

WEYMOUR, conduit par Idalkan.

Noble et vaillant Raymond, quand le sort des combats
Pour finir vos malheurs conduit ici mes pas,
Il m'est doux d'y trouver un héros que j'admire,

Que la raison dirige, et que l'honneur inspire,
Dont la seule parole est un garant pour moi,
Que ne peut balancer la puissance d'un roi.
Du vôtre la fortune abandonne la cause;
S'il conserve un espoir, c'est en vous qu'il repose.

RAYMOND.

Le sultan pour appui dans cette extrémité
Conserve sa valeur, nos bras, et l'équité.

WEYMOUR.

Pour juge de nos droits nous prenons la victoire;
Son arrêt est porté, mais gardez-vous de croire
Que nos ressentimens confondent en ces lieux,
Avec un roi barbare, un héros malheureux.
Seul, et j'en fais ici l'aveu qui vous honore,
Vous avez retardé la chute de Myzore.
Si cet empire, enfin, pouvait être sauvé,
Cet honneur à Raymond eût été réservé;
Mais le ciel qu'indignait un pouvoir tyrannique
L'a détruit par les mains du peuple britannique.
Tippô ne compte plus au rang des souverains;
Et le sceptre d'Hyder s'est brisé dans ses mains.
Que son orgueil repousse une paix nécessaire,
Sa ruine est le prix d'un refus téméraire:
Elle entraîne la vôtre; et pour la prévenir
Proposez un traité, vous allez l'obtenir.
Je puis loin de ces murs, bientôt notre conquête,
Protéger des Français l'honorable retraite,
Et rendant à leur chef ce qu'on doit aux héros,

Vous assurer le prix de vos nobles travaux.
L'honneur vous a conduit au bord du précipice,
Mais il n'exige pas un plus grand sacrifice;
Je dirai plus enfin: peut-être a-t-il gémi
En voyant un guerrier, magnanime ennemi,
Se déclarer l'appui d'un monarque perfide,
Qui prend pour dieu sa haine, et pour loi l'homicide,
Qui, du cruel Timur farouche imitateur,
S'honora du surnom de prince destructeur (12),
Et d'un trône usurpé...

RAYMOND.

Celui qui vous envoie,
A la paix, dites-vous, veut s'ouvrir une voie?
Vous conviendrez, mylord, qu'on en pourrait douter
Aux sentimens qu'ici vous faites éclater.
Si j'en crois vos discours, l'empire de Myzore
Est soumis à vos lois: que vous faut-il encore?
Saëb ne règne plus: qui peut donc aujourd'hui
Décider les Anglais à traiter avec lui?
Au soin qui vous amène, à l'espoir qui vous guide,
Je ne chercherai point une cause perfide,
Et consultant mon cœur, en répondant, je veux
Ecarter un soupçon indigne de tous deux.
Le monarque indien, qu'irrite l'artifice,
A pu dans sa vengeance égarer sa justice;
Rappelant du passé le cruel souvenir,
Peut-être en d'autres temps pourrais-je en convenir;
Mais au jour des revers cette image importune

Disparaît sous l'éclat d'une illustre infortune;
Le sort le justifie à mes yeux prévenus;
Où je vois des malheurs, je crois voir des vertus.
J'ignore si du ciel l'arrêt impénétrable,
Aux vœux de l'équité souvent inexorable,
Doit affermir ici votre injuste pouvoir.
Qu'à ce triomphe au moins se borne votre espoir.
Les périls renaissans où la guerre m'engage,
Tous ceux dont l'avenir pourrait m'offrir l'image,
Entre le prince et moi sont autant de liens
Qui joignent pour toujours mes intérêts aux siens.
Quand un même destin désormais nous enchaîne,
Ne nous séparez pas, mylord, dans votre haine.

WEYMOUR.

J'ai rempli mon devoir; peut-être mes avis
Avec calme jugés auraient été suivis.
Vous invoquez le glaive et son droit homicide;
J'y consens: entre nous que la guerre décide.

RAYMOND.

Ses faveurs aujourd'hui se déclarent pour vous,
Et cet empire enfin peut tomber sous vos coups.
Mais ne vous livrez pas à trop de confiance;
Le succès quelquefois trahit notre espérance;
Et dans cette nuit même un souvenir récent
En offre à votre esprit un exemple pressant.
Par vos propres périls il a pu vous instruire
Qu'il faudra nous combattre avant de nous réduire,
Et jusqu'à nos remparts si l'on peut s'élever,

Par quels degrés sanglans on y doit arriver.
Cet entretien suffit : je vais sans plus attendre
Obtenir du sultan qu'il daigne vous entendre;
Et suivant ma promesse, avant la fin du jour,
Vers le camp des Anglais presser votre retour.

FIN DU SECOND ACTE.

ACTE TROISIÈME.

SCENE I.

WEYMOUR, NARSÉA.

NARSÉA.

Dans un pareil moment, quelle imprudence extrême!
A la cour de Saëb, dans Myzore, vous-même?

WEYMOUR.

Pour la première fois je pénètre en ces lieux,
Et le nom de Weymour me cache à tous les yeux.
Ne crains rien, Narséa, cette grande entreprise,
Que ton zèle conduit, que le ciel favorise,
Désormais n'aura plus d'écueils à redouter.

NARSÉA.

Il en est un encor qu'il nous faut éviter.
De votre rang, seigneur, du nom de votre père,
Craignez, craignez surtout de trahir le mystère;
Si jamais en ces lieux le farouche sultan
Reconnaissait en vous le fils de ce Duncan,
Dont le seul souvenir...

WEYMOUR.

J'oppose à sa furie

Les sermens de Raymond, les tiens, et ma patrie.
De ces grands intérêts pour traiter avec toi,
Je ne pouvais compter sur d'autres que sur moi.
Enfin, grace à ton zèle actif, infatigable,
Nous le renverserons ce colosse effroyable.
De la ville des rois les antiques remparts
Verront dans peu de jours flotter nos étendards.
Pour hâter un moment si cher à ma vengeance,
J'espérais de Raymond vaincre la résistance:
Il n'y faut plus compter; vainement à ses yeux
J'ai fait briller l'espoir d'un traité glorieux.
La crainte ne peut rien sur ce cœur inflexible,
Et même à mes bienfaits il reste inaccessible.

SARSÉA.

Ce que j'ai commencé peut s'achever sans lui.
Craignez-vous au sultan de laisser pour appui
Un jeune ambitieux qui rêve la victoire
Dans l'avenir obscur où dort encor sa gloire,
Et qui, dans un combat pour avoir réussi,
Se croit dans l'Indoustan l'émule des Bussi?
A flatter son orgueil qui pourrait vous contraindre?
La France est loin de nous.

WEYMOUR.

　　　　　　　Elle est toujours à craindre.
Unie avec Saëb par des liens secrets,
L'impétueux sultan a trahi leurs projets.
La foudre se grossit vers les mêmes rivages,

Où l'on vit de tout temps se former les orages.

NARSÉA.

L'océan tout entier s'élève entre elle et nous.

WEYMOUR.

C'est par d'autres chemins qu'elle conduit ses coups.
Narséa, prévenons sa haine vigilante;
Hâtons-nous...

NARSÉA.

Il le faut. De la ville tremblante
Le sultan se prépare à sortir dès demain;
Il peut vous échapper; je ferme ce chemin
Que traça de Raymond la valeur alarmée:
Cette nuit dans nos murs j'introduis votre armée.
Croyez-moi donc, seigneur, hâtez-vous de quitter
Des lieux où sans péril vous ne pouvez rester.
Songez à votre père, aux champs d'Hydernagore;
De son supplice affreux on s'entretient encore.

WEYMOUR.

Ce cruel souvenir, dont je nourris l'horreur,
Des mains de la vengeance est gravé dans mon cœur,
Et c'est pour obéir à la loi qu'il m'impose
Qu'aux fureurs du sultan moi-même je m'expose.
C'est peu de lui ravir son trône et ses états;
Il doit trouver la mort au milieu des combats;
Et privé de ses fils à son heure dernière,
Les appeler en vain pour fermer sa paupière.
Tels sont, cher Narséa, les vœux et les projets

3

Dont nos efforts communs assurent le succès.

NARSÉA,

De nos anciens Rajahs (13) la famille éplorée
Traîne au sein de ces murs une vie ignorée;
Aux Indous en secret j'ai rappelé ses droits;
J'ai fait parler nos dieux, nos malheurs, et nos lois:
Contre les Musulmans dont ils portent les chaînes,
Des enfans de Brama j'ai rallumé les haines;
Et si vous triomphez dans ce dernier effort,
Votre père est vengé, le fils d'Hyder est mort.

WEYMOUR.

Je promets à tes soins leur digne récompense.
L'héritier de Myzore encore dans l'enfance,
Au trône paternel replacé par nos mains,
S'instruira sous tes yeux dans l'art des souverains;
Tu guideras ses pas: cette noble tutèle
Est le prix dont Stuart prétend payer ton zèle.
Mais d'un traité qui comble et mes vœux et les tiens
Les enfans de Tippô sont les premiers liens;
Par force ou par adresse il faut s'en rendre maître.

NARSÉA.

Oui; j'ai tout préparé.

SCENE II.

AKMED, WEYMOUR, NARSÊA.

AKMED, *à Narséa.*

           Le sultan va paraître,
Et je mets à profit ce précieux instant
Pour vous donner, seigneur, un avis important.
Je n'ai point vainement prodigué les promesses.
Séduit par mes discours, vaincu par vos largesses,
Des bataillons indous le chef nous est vendu;
Et Naderkan lui-même, à vos desirs rendu,
De ces antres creusés sous la plaine trompeuse,
Cette nuit doit ouvrir la route ténébreuse.
Mais Raymond m'épouvante; et peut-être il convient
De ne rien hasarder...

           NARSÊA, *à Akmed.*

           Eloigne-toi; l'on vient.

SCENE III.

WEYMOUR, RAYMOND, NARSÉA, LALLEY,
SUITE DE FRANÇAIS.

*(Raymond entre précipitamment, s'arrête, et
regarde Weymour et Narséa avec une sorte
d'affectation avant de parler.)*

RAYMOND.

Si j'en crois un rapport, qui doit peu me surprendre,
D'un pareil entretien nous devons tout attendre.
  (à Narséa.)
Puisque l'ambassadeur a pu vous consulter,
De ses vœux pour la paix on ne saurait douter;
De ses nobles efforts il vous parlait peut-être;
Et sans doute mylord vous aura fait connaître
A quel prix ce bienfait doit nous être rendu.

WEYMOUR.

Je ne puis concevoir...

RAYMOND.

Vous m'avez entendu.

SCENE IV.

WEYMOUR, RAYMOND, TIPPO, NARSÉA,
   IDALKAN, *conduisant les deux jeunes princes,*
   fils de Tippô; SUITE DE RAYMOND.

(*Le sultan va prendre sa place sur un trône; ses*
   fils sont assis à ses pieds; Raymond et Narséa
   sont debout aux deux côtés du trône.)

WEYMOUR.

Sultan, de ces remparts l'attaque est préparée;
Mais avant que l'assaut nous en livre l'entrée,
Un peuple généreux, et qui de la valeur
Sait respecter les droits, surtout dans le malheur,
De la nécessité loin de se faire un titre,
Veut que de ses destins Tippô reste l'arbitre.
D'un empire ébranlé sous nos pas triomphans,
Ta valeur, tes projets, tes efforts renaissans,
Ne retarderont pas la chute qui s'apprête :
Rien ne peut nous ravir notre illustre conquête.
Ton courage trompé trop long-temps s'est promis
D'assembler contre nous de nouveaux ennemis.
Du haut des monts fameux qui bordent cet empire,
Les Moplas vagabonds, les guerriers d'Agémire,
Aux campagnes d'Arwar avoient porté leurs pas;
Ils ne sont plus : la guerre a soumis tes états;

L'enceinte de ces murs renferme ta puissance;
Bientôt...

TIPPÔ.

Retiens l'élan d'un orgueil qui m'offense,
Du récit des mes maux crois-tu m'épouvanter?
Je connais ces exploits que tu viens me vanter,
Et libre des terreurs qui ne sauraient m'atteindre,
Je sais ce que j'espère et ce que je dois craindre.
Poursuis; mais de la ruse abjurant les détours
Explique tes desseins, et borne tes discours.

WEYMOUR.

De la timidité la ruse est le partage.
La franchise convient à la force, au courage;
Elle convient surtout au vainqueur tout-puissant:
Tes malheurs sont au comble; en ce danger pressant,
Saëb, tu peux encor mettre un terme à la guerre;
La paix est le seul vœu que forme l'Angleterre:
Tu n'osais l'espérer, et je viens te l'offrir.

TIPPÔ.

Quels en sont les garans?

WEYMOUR.

Nous ne pouvons souffrir
Avec nos ennemis ta funeste alliance.
Tu dois rompre le nœud qui t'unit à la France.

TIPPÔ.

A de pareils amis il me faut renoncer!
(à Raymond.)
Je te laisse, Raymond, le droit de prononcer.

RAYMOND, *à Weymour.*

La France aux nations (et l'univers l'atteste)
N'impose pas le joug d'une amitié funeste :
Pour la cause commune elle s'arme toujours ;
Mais elle ne vend pas d'homicides secours.

(*à Tippô.*)

S'il est vrai qu'au traité que Stuart te propose
Notre alliance seule en ce moment s'oppose,
Sultan, j'ose être ici l'organe des Français :
Tu peux y renoncer pour obtenir la paix.

TIPPÔ.

Si je puis consentir, pour calmer vos alarmes,
A bannir mes amis, à séparer nos armes ;
Et, sans rompre le nœud d'une sainte amitié,
A perdre le secours d'un puissant allié ;
Si je fais à la paix un pareil sacrifice,
J'en attends un de vous qu'exige la justice :
De ce lâche Nizam, de ce prince odieux,
Par un double parjure exécrable à mes yeux,
Délivrez ces climats dont il vous rendit maître,
Abandonnez sa cause, et punissez un traître.

WEYMOUR.

Son dévoûment, Saëb, soutint notre pouvoir,
Et protéger le sien est pour nous un devoir.

TIPPÔ.

Ah ! lorsque d'un bienfait le fardeau déshonore,
Par la reconnaissance on s'avilit encore.
Mais qu'importe aux Anglais, croyons-en leurs aveux,

Quel chemin les conduit au terme de leurs vœux ?
Qu'importe à des guerriers avides de pillage
De quel nom l'univers flétrira leur courage ?
Que d'un nœud différent chacun reste lié ;
Gardez votre complice, et moi mon allié.
Acheve...

WEYMOUR.

Notre rang est réglé par la guerre ;
On peut sans déshonneur fléchir sous l'Angleterre ;
Du souverain des mers honorable vassal,
Devant lui noblement baisse ton front royal.

(*Tippô témoigne une indignation qu'il retient*
avec peine.)

Sur la foi des traités, à nos braves cohortes,
Que la ville assiégée ouvre à l'instant ses portes. (14)

RAYMOND, *à Tippô près d'éclater.*

Si notre armée entière est libre d'en sortir,
Qui pourrait t'empêcher, sultan, d'y consentir ?

WEYMOUR.

Enfin, pour terminer notre longue querelle,
Et serrer les liens d'une amitié fidèle,
Que cimente la foi, dont la paix soit le prix,
En otage Tippô doit me livrer ses fils.

TIPPÔ, *avec toute l'explosion de la rage, et cou-*
rant à Weymour, un poignard à la main.

Misérable !

RAYMOND, *se jetant entre Tippô et Weymour.*

Sultan, que ton courroux s'arrête :

Daigne songer au roi dont il est l'interprète,
A ta gloire, à ton nom, au soin de l'avenir,
A ma parole enfin, que je ne puis trahir.

TIPPÒ, *avec l'expression d'une rage étouffée.*

De ton maître et de toi si je faisais justice,
Ma voix aurait déjà prononcé ton supplice.
D'un ramas de brigands insolent messager,
Jusque dans mon palais tu m'oses outrager!
Quand j'ai le glaive en main pour étouffer nos haines,
Ton orgueil insensé me propose des chaînes!
Interroge Duncan: ses cendres te diront
Comment le fils d'Hyder se venge d'un affront.
Tu veux que des Anglais servile tributaire,
Je leur livre mes fils! mes fils!... Ah, téméraire!
D'un exemple imprudent je saurai profiter.
Stuart m'offre la paix; je veux bien l'accepter;
Mais je vais à mon tour en prescrire les gages:
Tous mes captifs et toi, vous êtes mes otages.
S'il faut encor du sang pour fixer nos destins,
Le tien est le premier que verseront mes mains.
Qu'aucun espoir ici désormais ne t'abuse;
Si ton maître à la trève un instant se refuse,
S'il avance d'un pas, tu meurs; à ses regards
Je fais rouler ta tête au pied de ces remparts.

    (*à sa suite.*)   (*à Weymour.*)

Qu'on l'en instruise; allez: c'est ma seule réponse
A l'indigne traité que ta bouche m'annonce.

                        (*il sort.*)

SCENE V.

RAYMOND, WEYMOUR.

WEYMOUR.

Le courroux du sultan me cause peu d'effroi.
Pour garant en ces lieux, Raymond, j'ai votre foi.

RAYMOND.

Vous y devez compter : l'honneur se fait entendre,
Et m'impose à regret la loi de vous défendre.
Un homme revêtu d'un titre révéré,
A l'instant qu'il réclame un asile sacré,
Trahissant à la fois la majesté suprême,
Et la loi des sermens qu'il invoqua lui-même,
Sous l'abri qui le couvre, au sein de ce palais,
Médite en ce moment le plus noir des forfaits.

WEYMOUR.

Est-ce à moi?...

RAYMOND.

　　　　Trop peu sûr des succès qu'il proclame,
Il ourdit en secret une honteuse trame;
Autour de lui promène un sinistre regard;
Du rameau de la paix il couvre son poignard,
Et d'un ambassadeur souillant le caractère,
Même dans la victoire avilit l'Angleterre.
Celui qu'un tel projet amène parmi nous,
Que ma voix fait rougir en ce moment... c'est vous.

WEYMOUR.

Un semblable discours a droit de me confondre,
Et dans ce lieu du moins je ne puis y répondre.
Mais sur quoi fondez-vous un doute injurieux?

RAYMOND.

Quand vous m'interrogez, levez sur moi les yeux.
Cet or que dans mon camp vos agens font répandre,
Ces discours suborneurs que l'on y fait entendre,
Et dont il vous souvient qu'un insolent espoir,
En ce lieu sur moi-même essaya le pouvoir,
Ces complots, des Anglais ordinaire ressource,
Prétendez-vous, mylord, m'en dérober la source?

WEYMOUR.

Eh! quand il serait vrai que des dangers trop sûrs,
Qu'un tyran inflexible appelle sur ces murs,
J'aurais voulu sauver vos Français et vous-même,
Que j'aurais de Stuart reçu l'ordre suprème
De protéger vos jours...

RAYMOND.

Qui? vous? me protéger!
C'est un nouvel affront que j'aurais à venger.
Mais, en vous accusant, je suis plus équitable;
De ce tort avec moi vous n'êtes pas coupable:
En m'offrant un espoir, que j'ai dû dédaigner,
Vous vouliez me séduire et non pas m'épargner.
Plus avide toujours de succès que de gloire,
Vous vouliez sans combat obtenir la victoire,
Et par la trahison à votre but conduit,

D'un triomphe honteux vous assurer le fruit.

WEYMOUR.

Vous pouvez, repoussant un généreux service,
Vous faire une vertu d'un excès d'injustice,
Et briser un appui qui vous est présenté :
Si l'orgueil est permis c'est dans l'adversité.
Je ne condamne pas une noble imprudence,
Et je puis à Myzore oublier votre offense ;
Mais je n'oublirai pas de plus grands intérêts.
Dès long-temps la victoire a trahi nos secrets ;
Nous voulons renverser, par le droit de la guerre,
Le fils d'Hyder-Aly, l'horreur de l'Angleterre,
L'ennemi qui, toujours fidèle à ses desseins,
S'est armé contre nous des traités les plus saints.

RAYMOND.

Est-ce à vous d'accuser les autres d'impostures ?
Rappeler vos traités c'est compter vos parjures ;
Et dans ce même jour, où vos sermens trahis
Vous obligent...

WEYMOUR.

Raymond, je servais mon pays.
Pour un Anglais fidèle à cette cause auguste,
Tout moyen de succès, tout sacrifice est juste.
De l'état avant tout je suis l'ambassadeur ;
Et votre dévoûment fonda notre grandeur.

RAYMOND.

Dites votre pouvoir. Dans tous les lieux du monde,
La grandeur des états, leur avenir, se fonde

Sur l'équité, mylord, sur la foi des sermens.
Je sais que vos Anglais ont d'autres sentimens;
Qu'ils se sont affranchis de ce joug tyrannique;
Que leurs seuls intérêts règlent leur politique;
Qu'on les a vus souvent, pour changer les destins,
Jusqu'à la cour des rois solder des assassins.
Je connais l'Angleterre et son fatal génie.

WEYMOUR.

La fortune contre elle arme la calomnie.
La terreur de son nom a rempli ces climats.

RAYMOND.

On craint ses envoyés, et non point ses soldats.

WEYMOUR.

Ils entourent ces murs.

RAYMOND.

Ils n'en sont pas les maîtres;
Et jusque-là, du moins, on y punit les traîtres.

WEYMOUR.

Songez-vous que l'insulte est sans danger pour vous?

RAYMOND.

Elle serait du crime un châtiment trop doux.

SCENE VI.

LALLEY, RAYMOND, WEYMOUR.

LALLEY.

Raymond, j'ai tout appris; que rien ne vous arrête:

Aux fureurs du sultan abandonnez sa tête.
Cet Anglais, de l'intrigue agitant les ressorts,
D'un invisible bras dirige les efforts.
Narséa le défend ; la haine les rassemble.
Croyez-en vos soupçons ; ils conspirent ensemble.

RAYMOND, à *Weymour.*

Je pourrais rappeler de nombreux attentats ;
Et de la trahison qui s'attache à vos pas,
Dont je trouve partout les coupables indices,
Vous forcer par la crainte à nommer vos complices.

WEYMOUR.

J'ai fait ce que j'ai dû : je ne crains pas la mort.
Sans m'insulter, Raymond, disposez de mon sort ;
Imitez-moi ; suivez un courroux légitime.

RAYMOND.

L'exemple des forfaits n'enhardit que le crime ;
Lors même que, par vous lâchement outragé,
De ma parole ici je me crois dégagé,
Dans un ambassadeur quand je ne vois qu'un traître,
Que je puis le punir, que je le dois peut-être,
A ma haine rendu, libre de mon serment,
L'honneur vient enchaîner mon fier ressentiment.
Du sultan contre vous armant la défiance,
Si je vous exposais à sa juste vengeance,
L'affront de votre mort rejaillirait sur moi ;
Les vôtres m'accusant d'avoir manqué de foi,
Sans vous croire innocent, s'uniraient pour le feindre :
Un semblable soupçon ne doit jamais m'atteindre.

Saëb, j'en crois mes vœux, daignera consentir
Qu'aujourd'hui de Myzore on vous laisse sortir;
Et jusqu'à ce moment, surveillé, mais tranquille,
Ma garde et mon palais vous serviront d'asile.

WEYMOUR.

Je sais apprécier tout ce que je vous dois.

RAYMOND.

Puisque l'honneur sur vous a conservé des droits,
Vous ne trahirez pas sa dernière espérance;
Et près de ces remparts témoins de votre offense,
Quand des devoirs plus saints n'armeront plus nos bras,
Nous nous verrons, mylord.

WEYMOUR.

Raymond, n'en doutez pas.
Sur mon nom quelque erreur vous abuse peut-être;
Je pourrai quelque jour me faire mieux connaître,
Et prouver que j'ai droit, partout ailleurs qu'ici,
De commander l'estime à mon noble ennemi.

(*il sort.*)

SCENE VII.

RAYMOND.

Oui, je dois le sauver, malgré sa perfidie.
Quand il reçut ma foi pour garant de sa vie,
Je n'ai point en secret, à ses vœux criminels,
Limité de l'honneur les sermens solennels.

SCENE VIII.

TIPPO, RAYMOND.

TIPPÔ.

Le ciel s'apaise enfin : Raymond, l'instant arrive
Qui doit faire éclater sa justice tardive.
Aux plaines d'Adoni Zeman est descendu ;
Dans trois jours sous ces murs il peut être rendu :
L'Anglais en est instruit ; sa prudence inquiète
De nos efforts unis redoute la tempête,
Et contre ses éclats pour garantir son front
De sa suite peut-être il médite l'affront.
Qu'il se hâte ; bientôt cette terre indocile
Pourrait à son vainqueur refuser un asile.

RAYMOND.

Du chef des Abdalis, de ses braves soldats,
J'attends beaucoup, seigneur ; mais je ne pense pas
Que de tes grands desseins leur présence réponde.

TIPPÔ.

Ce n'est pas sur eux seuls que mon espoir se fonde.
Les prêtres de Brama, les faquirs, les devins,
Du dieu de Mahomet les oracles divins,
Pour annoncer la fin du pouvoir britannique,
Elèvent à la fois une voix prophétique.

RAYMOND.

Sachons interpréter ce langage des cieux :

Songe que, sur le bruit d'un secours glorieux,
L'Anglais, dont la terreur ranimé la vaillance,
Va diriger sur toi l'effort de sa puissance;
Que les fléaux divers, les travaux, les combats,
Moissonnent chaque jour nos plus braves soldats;
Que de tes ennemis les plus noirs artifices
Jusque dans ton palais trouveront des complices;
Que le faible se plaint, que le traître se rend;
Qu'un assaut dans leurs mains peut te livrer vivant.

TIPPÔ.

Vivant!

RAYMOND.

Daigne m'en croire, et que demain l'aurore
Nous découvre déjà loin des murs de Myzore.
Pour abuser Stuart, sans lui manquer de foi,
De son ambassadeur ordonne le renvoi:
Il nous croit occupés d'une attaque nouvelle;
Qu'il sème dans son camp ce rapport infidèle;
Et dans l'ombre quittant d'inutiles remparts,
Aux drapeaux de Zeman joignons nos étendards.

TIPPÔ.

Tu veux que des Anglais l'insolent émissaire,
Triomphant dans sa fuite, insulte à ma colère?
Que ma vengeance cède à des soins plus pressans;
Que je dompte mon cœur: tu le veux! j'y consens.
Du sort de cet Anglais je te laisse le maître;
Il peut partir. Raymond, fais-lui du moins connaître,
Lorsque toi seul retiens mon bras levé sur lui,

4

A quel ressentiment il échappe aujourd'hui.
J'adopte ton projet. De la ville alarmée,
Dans l'ombre, cette nuit, faisons sortir l'armée.
Qu'en ce palais demain Stuart entre en vainqueur;
Je lui vendrai bien cher ce dangereux honneur.
De ce grand mouvement, dont mon sort va dépendre,
Le bruit avant le temps ne doit pas se répandre.
L'entreprise est hardie; et pour l'exécuter,
Sur toi, sur tes Français je dois surtout compter.
Menaçons l'ennemi jusque dans notre fuite;
Par des feux souterrains arrêtons sa poursuite;
Et redoutant partout des abîmes couverts,
Qu'il s'approche en tremblant de nos remparts déserts.

FIN DU TROISIÈME ACTE.

ACTE QUATRIEME.

SCENE I.

AKMED, NARSÉA, un esclave.

NARSÉA, à l'esclave avant l'entrée
d'Akmed.

Akmed vient... tu m'entends... qu'à le suivre on s'apprête;
Exécute mon ordre... il y va de ta tête.

AKMED.

D'un revers imprévu j'accours vous avertir.
Weymour de nos remparts était prêt à sortir;
Il regagnait son camp; et déjà son escorte
Du bastion d'Hyder avait franchi la porte;
Quand sur l'ordre nouveau du Dorbar (15) émane,
Il se voit tout à coup au palais ramené.
On dit (c'est d'Idalkan que je viens de l'entendre)
Qu'un avis trop certain au sultan vient d'apprendre
Que l'émissaire anglais de ses mains échappé
Etoit fils de Duncan.

NARSÉA.

On ne l'a pas trompé;
Et cet avis, Akmed, je l'ai donné moi-même.

AKMED.

Quoi!

NARSÉA.

L'extrême péril veut une audace extrême :
Dans cette route obscure où je porte mes pas,
Je marche vers un but que l'on n'aperçoit pas.
Raymond, en s'approchant des bords du précipice,
D'une trame secrète a surpris quelque indice ;
Je vois qu'on me soupçonne, et que, pour m'accuser,
D'un prétexte, d'un mot, on pourrait abuser.
De l'esprit du sultan je m'empare d'avance :
Et quand mon zèle adroit signale à sa vengeance
L'ennemi dont Raymond s'est déclaré l'appui,
Qui de nous deux, Akmed, doit trembler aujourd'hui ?

AKMED.

Sous les pas d'un rival l'embûche est préparée ;
Mais de Weymour enfin la perte est assurée.

NARSÉA.

Que nous importe, Akmed, ou sa vie ou sa mort ?
Raymond seul aux Anglais doit compte de son sort :
S'il périt, le vainqueur, inflexible en sa rage,
Sur le chef des Français vengera son outrage ;
Mais si de la fortune un retour dangereux,
Confondant à la fois ma raison et mes vœux,
Ranimait de Tippô la splendeur éclipsée,
Je recouvre mes droits à sa faveur passée.
Eh ! que dois-je aux Anglais ? d'un grand événement
Je ne suis à leurs yeux qu'un servile instrument ;

Et d'un juste retour acquittant leurs services,
Je ne dois voir en eux que d'utiles complices.

AKMED.

D'un si vaste projet admirant la grandeur,
J'en mesure en tremblant la sombre profondeur;
Et je crains que Weymour, dont la perte est certaine,
Dans sa chute avec lui bientôt ne nous entraîne.

NARSÉA.

Akmed, rassure-toi; quel que soit son danger,
Le généreux Raymond saura l'en dégager;
Et loin d'y mettre obstacle, en secret je seconde
Un dessein téméraire où mon espoir se fonde.
Ami, voici l'instant de recueillir le fruit
De ce vaste complot que moi seul j'ai conduit.
Les nuages épais, précurseurs des tempêtes,
Déjà de tous côtés s'assemblent sur nos têtes;
La nuit sera terrible; et quand à son retour,
Ramenant avec lui les premiers feux du jour,
Aux champs myzoréens le soleil doit renaître,
Ces lieux, n'en doute pas, auront changé de maître.

AKMED.

La victoire long-temps pourra se disputer,
Et par des flots de sang il faudra l'acheter.
Tippô commande encor; ce lion indomptable,
Que sa blessure irrite et rend plus redoutable,
Secondé de Raymond, pourrait...

NARSÉA.

Grace à mes soins,

Tes yeux de tant d'horreurs ne seront pas témoins.

(il lui donne un papier roulé.)

Cet ordre du sultan aux murs de Cananore

Exige que demain tu devances l'aurore.

Tu vas partir... et là tu seras informé

D'un dessein que sur toi ma prudence a formé.

(Akmed sort avec étonnement et inquiétude.)

SCÈNE II.

NARSÉA.

Il en est temps; allons... qu'il s'éloigne et qu'il tremble;

Il plaint Raymond... le cherche... on les a vus ensemble;

J'ai surpris de son cœur le murmure indiscret:

Il était seul chargé d'un dangereux secret;

Qu'il l'emporte au tombeau. Pour éloigner la crainte

Jusqu'au bout devant lui j'ai parlé sans contrainte;

Et de tous mes desseins l'heure de son trépas

Est maintenant le seul qu'il ne connoisse pas.

Marchons en sûreté dans l'ombre et le silence

Vers le but glorieux où mon ardeur s'élance.

Encore un pas, un seul, je relève en ces lieux

Le trône de nos rois, les autels de nos dieux;

De l'état à mon gré je règle la fortune;

Je punis un rival dont l'éclat m'importune;

D'un chimérique honneur pour tenir le serment,

Au piége préparé, peut-être en ce moment,
Il tombe...

SCENE III.

TIPPO, NARSÉA.

TIPPÔ.

Conçois-tu cet excès de démence?
Lui! messager de paix! ce traître en ma présence...
Et mon cœur, par ma haine en secret prévenu,
Pour le fils de Duncan ne l'a pas reconnu!
Ses discours, son audace, ont droit de me confondre;
Par cent coups de poignard je devais lui répondre:
Mais on retint mon bras; et cet autre Duncan,
Introduit dans ma cour, en fût sorti vivant!
De malheurs et d'affronts quand le destin m'abreuve,
Il m'épargne du moins cette dernière épreuve:
J'ai ressaisi ma proie.

NARSÉA.

Ah! jusqu'en ce palais,
Quel dessein, quel espoir a conduit cet Anglais?
A braver ton courroux s'il a pu se résoudre,
Il comptait sur un bras qui détournât la foudre:
Je vois avec terreur mes soupçons affermis.
Mais ici, parmi nous, l'Anglais a des amis;
Ils s'agitent dans l'ombre; ils s'arment en silence:
Bientôt du prisonnier embrassant la défense,

Ils voudront le ravir à ton ressentiment,
Pour délivrer Weymour...

TIPPÔ.

Il meurt en ce moment.
J'épargne à son orgueil l'appareil du supplice ;
Le glaive d'Idalkan suffit à ma justice.
Je veux...

SCENE IV.

TIPPO, IDALKAN, NARSÉA.

TIPPÔ.

Suis-je obéi ?

IDALKAN.

Sultan, la trahison
De Weymour à l'instant vient d'ouvrir la prison.
Raymond, qui l'aurait cru ? pour assurer sa fuite,
Que lui seul préparait, que lui seul a conduite,
Raymond l'a fait sortir par ces obscurs chemins
Où la guerre a creusé ses volcans souterrains.

NARSÉA.

Je l'avais trop prévu : quoi ! son audace extrême
Soulève les Français ?

TIPPÔ.

J'y marcherai moi-même.
Esclave révolté, ce fer, ce fer vengeur,
Dans ton coupable flanc ira chercher ton cœur.

Tu périras.

NARSÉA.

C'est lui.

SCENE V.

RAYMOND, TIPPO, NARSÉA, IDALKAN.

TIPPÔ.

Ta criminelle audace
Ose dé mes regards affronter la menace!
Sans craindre à ton aspect que mon bras irrité
Ne punisse à l'instant un soldat révolté?
Indigne protecteur d'une race ennemie,
Viens-tu, de tes forfaits révélant l'infamie,
Complice des Anglais, m'annoncer sans détours
A quel prix tu leur vends tes indignes secours?
Tu gardes le silence.

RAYMOND.

En vain ta voix me presse;
Ce n'est point à Raymond que ce discours s'adresse;
Et mon nom, mon nom seul doit répondre pour moi.
Fidèle à mes sermens, à mon honneur, à toi,
J'ai sauté l'ennemi que j'avais en otage:
Je l'ai fait; je l'ai dû; le reste est un outrage
Que je mériterais, si pour le repousser
Jusqu'à la preuve ici je daignais m'abaisser.

TIPPÔ.

Ainsi donc aujourd'hui tu prétends à ma haine
Imposer la promesse où ton orgueil t'enchaîne?
Et pour rester fidèle à ce serment honteux,
Tu trahis lâchement ton maitre malheureux.

RAYMOND.

Avant de m'accuser de cette perfidie,
Sultan, daigne un moment examiner ma vie;
Mes services passés...

TIPPÔ.
Dégagent-ils ta foi?
Tes travaux et ton sang ne sont-ils pas à moi?

RAYMOND.

En venant seul ici je fais assez connaître
Que de mes jours, Saéb, je t'ai laissé le maître;
Mais c'est là qu'envers toi s'arrête mon devoir,
Et l'honneur a des droits qui bravent ton pouvoir.
C'est contre mon avis, tu t'en souviens encore,
Que Weymour fut admis dans les murs de Myzore:
Il avait mis ses jours sous l'abri du serment;
J'ai pris de ton aveu ce saint engagement.
Tu l'oubliais, sultan; j'y suis resté fidèle.

TIPPÔ.

Ah! je saurai punir ta fourbe criminelle.

RAYMOND.

Crains d'égarer tes coups.

NARSÉA.
O forfait avéré!

Pour le fils de Duncan Raymond s'est déclaré.

RAYMOND.

Scélérat! d'un seul mot ma voix va te confondre,
Et c'est devant Akmed que je veux te répondre.

NARSÉA, *à part, avec l'apparence du trouble.*

Il vit encor!

RAYMOND.

Ce nom te fait baisser les yeux.

(*au sultan.*)

Ordonne qu'à l'instant il paraisse en ces lieux.

(*Tippô fait un signe, Idalkan sort.*)

Sultan, voici l'auteur d'une trame sinistre,
Et de tes ennemis le plus ardent ministre.
Depuis plus de deux ans il conspire avec eux;
C'est lui qui de la guerre a rallumé les feux:
Il vendit de Darwar l'invincible barrière;
Aux Anglais du Mysore il ouvrit la frontière:
A Stuart aujourd'hui, pour gage de sa foi,
Il s'apprête à livrer les enfans de son roi.

(*à Narséa.*)

C'est Akmed qui t'accuse; et déjà sa présence
Du crime sur ton front attache l'évidence.

IDALKAN, *rentre.*

Par un coup, dont la cause est cachée à jamais,
Akmed vient d'expirer non loin de ce palais.

(*Narséa témoigne une joie concentrée.*)

TIPPÔ.

Ainsi chaque moment enfante un nouveau crime!

NARSÉA, *avec hypocrisie et confiance.*

Raymond, ne contiens plus le zèle qui t'anime;
D'Akmed en sûreté répète les discours:
Accuse sa mémoire.

RAYMOND.

Exécrables détours!

Quoi! tu voudrais sur moi, dans ta rage ennemie,
De ton propre forfait rejeter l'infamie?

NARSÉA.

Un serment à Weymour m'a-t-il jamais lié?
Sous l'abri de mon nom s'est-il réfugié?
Quand le sultan voulut punir son insolence,
M'a-t-on vu hautement embrasser sa défense?
Ai-je ouvert sa prison?

TIPPÔ.

Mon esprit agité
Tour à tour cherche et craint l'affreuse vérité.
De soupçons, de complots, la trahison m'assiége;
Sous mes pas égarés je vois partout un piége.
Confiance, amitié, tout m'échappe; et mon cœur
Exhale les transports d'une vaine fureur.
Quoi! rien n'éclairera ma vengeance incertaine!
Quoi! je ne puis savoir où reposer ma haine!
L'un de vous veut ma perte: eh bien! que tardez-vous?
Nous sommes seuls ici; je me livre à vos coups.
Frappez: délivrez-moi du doute insupportable
Qui m'enlève un ami, qui me cache un coupable;
Et du moins que le traître, un poignard à la main,

Se révèle à mes yeux en me perçant le sein.

RAYMOND.

Entre ce brame et moi le soupçon se partage!
Se peut-il que Saëb me fasse un tel outrage?

NARSÉA.

Je ne dirai qu'un mot: c'est moi qui de Duncan
Ai fait tomber le fils dans les mains du sultan;
Et c'est toi, c'est toi seul qui défendis ce traître.

RAYMOND.

Tu livrais à la fois ton complice et ton maître.

NARSÉA.

Non, tu ne croiras pas à ce forfait nouveau.
Sultan, mes premiers soins veillaient sur ton berceau.

TIPPÔ, à Raymond.

Toi, l'ami des Anglais, d'un peuple que j'abhorre!

RAYMOND.

Ma blessure répond; et mon sang coule encore.

TIPPÔ.

Croirai-je ce témoin qui me parle pour toi?

SCENE VI.

RAYMOND, TIPPO, NARSÉA, IDALKAN,
UN OFFICIER.

L'OFFICIER.

Du poste d'Agrarum l'avis que je reçoi
Annonce que l'Anglais, descendu dans la plaine,

Semble nous menacer d'une attaque soudaine.

TIPPÔ, *à l'officier.*

Allez : et des remparts que les feux soient éteints.

(*l'officier sort.*)

Je leur laisse un espoir utile à mes desseins.

(*à Raymond.*)

Par ton seul abandon le sort pouvait m'abattre.
Parle : es-tu mon ami ?

RAYMOND.

Sultan, je vais combattre.
Par un doute cruel on a pu m'outrager;
C'est en mourant pour toi que je dois me venger.

(*il sort.*)

NARSÉA, *à Tippô.*

Je vois à regret...

TIPPÔ.

Sors... ta présence m'irrite.
Va-t'en : si j'écoutais le trouble qui m'agite,
Le noir pressentiment, et la secrète horreur
Que ta vue et ton nom inspirent à mon cœur,
Je me délivrerais du doute qui m'accable.

NARSÉA.

Envers moi votre père était plus équitable.

(*nuit aux coulisses.*)

TIPPÔ.

Gardes, qu'on le retienne, et qu'on veille sur lui.

(*on emmène Narséa.*)

SCENE VII.

TIPPO, IDALKAN.

TIPPÔ.

Voilà donc où le sort m'attendait aujourd'hui !
Sur les débris du trône, au milieu des orages,
Dont mon œil sans effroi contemple les ravages,
C'était peu de lutter contre tant d'ennemis;
Il me fallait encor redouter mes amis.
Il manquait à mes maux, à mon malheur extrême,
De me voir menacé, trahi par ceux que j'aime;
De trembler pour mes fils; de craindre en ce palais
Que leur sang répandu... qu'ils partent sans délais.
Pour mes tristes enfans, que ma tendresse exile,
Le Cauvry sur ses flots m'offre encore un asile.
Sachons mettre à profit ces précieux instans.
(nuit.)
La nuit approche: allons; qu'ils viennent.

(Idalkan sort.)

SCENE VIII.

TIPPO.

Mes enfans!

De quel subit effroi je sens mon ame atteinte!

Ah! ce n'est que pour vous que j'ai connu la crainte;
Pour vous seuls, qu'en espoir, avant ces jours de deuil,
Sur les trônes d'Asie élevait mon orgueil.
Objets de tant d'amour, de soins, et d'espérances,
Pourrez-vous échapper aux désastres immenses
Que la rage et la mort sèment autour de nous?
Si je devais périr...! que deviendriez-vous?
Quelle main protectrice...?

SCENE IX.

ALDEIR, TIPPO, IDALKAN, *les deux jeunes
princes* ABDAL *et* MOZA.

ALDEIR.
O mon père!

TIPPÔ.
Ma fille!
Ah, venez dans mes bras, chère et triste famille!

ALDEIR.
Vous voulez... je frémis... c'en est donc fait... o ciel!
Je vous quitte.

TIPPÔ.
Il le faut : dans ce moment cruel,
Je songe à tes périls.

ALDEIR.
Ne sont-ils pas les vôtres?
Hé bien! vous le savez, je n'en connais point d'autres;

Et ceux-là, quelque asile où l'on cache mes jours,
Fût-ce au bout de la terre, ils me suivront toujours.

ABDAL.

C'est à moi de rester: ah! ne vois point mon âge;
Au milieu des soldats éprouve mon courage:
Permets-moi de combattre, et que nos ennemis
A ma jeune valeur reconnaissent ton fils.

TIPPÔ.

Noble enfant!

ABDAL.

Arme-moi, je ne crains point la guerre,
Et je saurai mourir à côté de mon père.

TIPPÔ.

Ai-je rempli mon sort? Est-ce assez de malheurs?
Le fils du grand Hyder, Saëb, verse des pleurs.
J'ai fait trembler l'Anglais jusqu'au fond de son ile,
Et déjà pour mes fils la terre est sans asile.
C'est aux flots, à la nuit qu'il me faut recourir.
Hélas! en vous quittant, je commence à mourir.

ABDAL.

Révoque mon exil.

ALDÉIR.

Que ma voix vous fléchisse;
Ne me condamnez pas au plus cruel supplice.
Ah, seigneur! par pitié, gardez-moi près de vous.

(elle se jette à ses pieds.)

ABDAL, *aux pieds de son père.*

Je ne te quitte point.

ALDEIR.

J'embrasse vos genoux.

TIPPÔ.

Mes enfans! mes enfans! ô douloureuse image!
Vous déchirez mon cœur, vous accroissez ma rage...
Levez-vous... ah! venez; pressez-vous contre moi:
Pour la dernière fois peut-être je vous voi.

IDALKAN.

Tout est prêt.

TIPPÔ.

A tes soins mon amour les confie.

IDALKAN.

De ce dépôt sacré je réponds sur ma vie.

TIPPÔ.

Séparons-nous... allons... conduis-les.

ALDEIR.

O mon Dieu!

ABDAL.

Il nous quitte, ma sœur.

ALDEIR.

C'en est donc fait.

TIPPÔ.

Adieu.

O mes fils! que le ciel protége votre enfance!
Pleins de mon souvenir, croissez pour ma vengeance.
Poursuivez les Anglais en tous temps, en tous lieux;

Ne pardonnez jamais à ce peuple odieux :
Mon père m'a laissé cette haine en partage ;
Je vous lègue, mes fils, ce sanglant héritage.

FIN DU QUATRIÈME ACTE.

ACTE CINQUIÈME.

—

SCENE I.

NARSÉA, *accompagné de trois officiers du palais.*

Amis, c'est pour hâter le succès de nos vœux
Qu'un tyran me confie à vos soins généreux :
Aveugle en sa fureur, sur vous il se repose ;
Il arme contre moi des bras dont je dispose.
Mais de sa chute enfin le moment est venu :
Par un avis secret Stuart est prévenu ;
Et les fils du sultan, en ce moment sans doute,
Du camp des ennemis nous ont frayé la route :
L'assaut va se donner. De leurs remparts détruits
Que Saëb, que Raymond défendent les débris :
Il est pour les vainqueurs un chemin plus facile ;
Je l'ouvre devant eux. Ta prudence inutile
M'enferme dans des lieux où je donne la loi ;
Cet asile, sultan, va se fermer pour toi.
Des portes du palais courez vous rendre maîtres :
Ordonnez en mon nom.

SCENE II.

TIPPO-SAEB, NARSÉA, LES TROIS OFFICIERS, GARDES.

TIPPÔ.

Qu'on saisisse ces traîtres.
Je te connais enfin, misérable imposteur,
Du plus lâche complot abominable auteur.
Les bourreaux sont tout prêts: vas avec tes complices
Expier tes forfaits au milieu des supplices.
  (*aux gardes.*)
Ne souillez pas le fer dans son sang détesté;
Qu'aux tigres dévorans ce monstre soit jeté.

NARSÉA.

A tes coups, sans regret, j'abandonne ma tête:
Je puis souffrir la mort quand la tienne s'apprête,
Tyran: dans mes liens j'ai su t'envelopper;
Même après mon trépas, tu ne peux m'échapper:
Ton heure approche.

TIPPÔ.

Allez: soldats, qu'on m'en délivre.
(*on emmène Narséa et les trois officiers.*)

SCENE III.

TIPPO.

D'où vient que cet espoir où sa rage se livre
A frappé de terreur mon esprit alarmé?
Du départ de mes fils si l'Anglais informé...
Qu'il tarde ce signal, interrogé sans cesse,
Qui doit sur mes enfans rassurer ma tendresse!
Je devance leurs pas; je presse les instans;
Je dévore à la fois et l'espace et le temps.
Idalkan! juste ciel! mes fils?

SCENE IV.

TIPPO, IDALKAN.

IDALKAN.

               Je les ramène,
Aux piéges des Anglais échappés avec peine.
L'esquif avoit franchi sur des flots resserrés
Du temple de Ganjam les débris révérés:
Les Français, devant nous protégeant son passage,
Sur les pas de leur chef côtoyaient le rivage.
De Raymond tout à coup nous entendons la voix:
Retournez, Idalkan... Vingt canots à la fois
S'élancent à grand bruit de l'une et l'autre rive:

De la barque royale un d'eux approche, arrive;
Et déjà les Anglais d'un si riche butin
Par d'horribles clameurs rendaient grace au destin.
D'un péril si pressant l'ame préoccupée,
Raymond entre ses dents a saisi son épée:
Dans le fleuve il se plonge; et, d'un bras furieux,
Se frayant sous les flots un chemin glorieux,
D'un sillon écumant laisse après lui la trace.
Ses nobles compagnons imitent son audace;
De loin avec effort ils suivent le héros;
Comme un spectre effrayant il sort du sein des eaux,
Se montre aux ravisseurs dont nous étions la proie;
Et tandis qu'évitant le bras qui les foudroie,
Les Anglais contre lui rassemblent leurs efforts,
Par l'ordre de Raymond nous regagnons ces bords.

TIPPÔ.

Mes enfans, vous vivez! le ciel qui nous rassemble,
Nous ordonne de vaincre ou de mourir ensemble:
C'est le vœu de mon cœur; et, prêt à le remplir,
Je bénis cet oracle, et je cours l'accomplir.

(*Idalkan sort.*)

SCENE V.

TIPPO-SAEB, UN OFFICIER INDIEN AVEC DES
TROUPES.

L'OFFICIER.

Sultan, de tous côtés l'ennemi vers la place
Dirige ses efforts, et partout nous menace.

TIPPÔ.

Il me verra partout... je revole aux combats.
(*aux gardes.*)
Aldëir... mes enfans... Allons; suivez mes pas.
(*il sort.*)

SCENE VI.

ALDEIR, ÉVANE.

ALDEIR, *entrant avec précipitation.*
Il me fuit... sur mes yeux quels nuages funèbres!
Me voilà seule au monde... Ah! du sein des ténèbres
Une voix est sortie; et des accens confus
Ont murmuré ces mots: Tu ne le verras plus!
O mes frères...! d'où naît cette terreur profonde?
Le fils d'Hyder combat, et Raymond le seconde.
Contre ces deux héros, l'un par l'autre affermis,
Que pourront les efforts de ces flots ennemis?
Grand Dieu! tu m'as sauvé l'exil et l'esclavage;

Par un plus grand bienfait achève ton ouvrage:
Au courage, au malheur assure un digne prix,
Conserve à mon amour le bien que je chéris,
Et rends au fils d'Hyder la victoire et l'empire.
Mais, que dis-je? il combat, et peut-être il expire;
Peut-être, hélas!... Grands dieux! quels cris, quel bruit affreux!
La foudre gronde, et l'air s'embrase de ses feux.
Le désordre, l'effroi, la mort, nous environnent.
Sortons de ce palais... les forces m'abandonnent.

(elle tombe sur un siége.)

SCENE VII.

IDALKAN, ALDEIR, ÊVANÊ.

IDALKAN.

Princesse!

ALDEIR.

Qui m'appelle? Idalkan, parle-moi;
Dissipe ou comble enfin l'horreur où tu me vois.
Avons-nous tout perdu?

IDALKAN.

Dans cette nuit cruelle,
Chaque instant donne au sort une face nouvelle:
Au dernier des revers tout prêt à nous livrer,
Sa faveur peut encor pour nous se déclarer.
Les Anglais, dont la nuit accroit la confiance,
De la ville assiégée approchaient en silence,

Et poussaient devant eux nos bataillons épars:
Déjà les plus hardis ont franchi nos remparts.
La terreur est partout: notre perte s'apprête;
Mais le sultan paraît, et l'ennemi s'arrête:
Bientôt Raymond le joint, et d'un commun transport
Dans les rangs ennemis tous deux portent la mort.
Par un regard de feu l'un et l'autre s'excitent,
Et du haut des remparts renversent, précipitent,
Des soldats d'Albion les bataillons entiers.

ALDEIR.

Poursuis, Dieu tout-puissant; protége tes guerriers.

IDALKAN.

Cette ardeur des deux chefs de tous les cœurs s'empare,
Et pour nous la victoire en tous lieux se déclare.
Mais un bruit se répand: on dit que dans nos murs (16)
Weymour s'est introduit par les détours obscurs
Qui lui furent ouverts pour conserver sa vie;
Que Narséa le guide...

ALDEIR.

O crime! ô perfidie!

IDALKAN.

Raymond, comme frappé d'une horrible clarté,
De surprise et de rage aussitôt transporté,
S'est élancé, suivi de sa troupe fidèle,
Au devant de Weymour, qu'à grands cris il appelle.
Saëb, le fer en main, la foudre dans les yeux,
Donne et brave la mort qui le suit en tous lieux,
Mais, dans vos seuls dar   coutant la prudence,

Du palais à mon zèle il commet la défense :
Déjà tout est prévu ; si d'indignes soldats
Jusque dans cet asile osaient porter leurs pas,
Je puis...

ALDEIR.

Entendez-vous cette rumeur affreuse !
On approche : c'est lui. Que vois-je ! malheureuse !

SCENE VIII.

IDALKAN, ALDEIR, MOZA, ABDAL,
TIPPO ; *il est blessé et porté par des Cipahis ;*
ses enfans entourent son lit.

TIPPÔ.

Ma blessure est fermée... allons... vœux superflus...
  (*il se soulève.*)   (*il retombe.*)
Je puis combattre encor... je ne me soutiens plus.
Mes enfans, je vous vois...

ALDEIR.

Ah, seigneur !

ABDAL.

Ah, mon père !

ALDEIR.

Souffrez que mes secours...

TIPPÔ.

Il n'est plus nécessaire.
Des ombres de la mort je suis environné.

Ils ne pouvaient me vaincre; ils m'ont assassiné.
Du fond de son tombeau ce ministre perfide,
Narséa, dirigeait le poignard parricide.
L'insulaire l'emporte... Exécrables Anglais,
Vous triomphez; ma mort couronne vos forfaits.
Race du grand Hyder, vouée à l'infamie,
Vous iriez de vos fers traînant l'ignominie,
Réservée à la haine, à ses affreux desseins,
Réjouir de vos maux mes lâches assassins!
Non jamais... sous ces murs j'ai préparé la foudre;
Un seul moment suffit pour les réduire en poudre:
Hé bien! cours (17) Idalkan, renverse-les sur nous.
(*Idalkan prend un flambeau des mains d'un*
       Indien, et va pour exécuter les ordres de
       Tippô.)

                                    (*à ses enfans.*)
Je veux que tout périsse... Arrête. Eloignez-vous:
Redoutez les effets de mon amour barbare.
                    ALDEIR.
Accomplissez vos vœux; que rien ne nous sépare.
                    ABDAL.
Vos enfans à genoux invoquent le trépas.
Ne nous quittons jamais.
                    TIPPÔ.
                    Non; vous ne mourrez pas.
Le ciel avec mon sang vous a transmis mon ame.

SCENE IX.

TIPPO, RAYMOND, IDALKAN, ALDEIR, MOZA, ABDAL, LALLEY.

RAYMOND.

Sultan, tout est perdu : dans cette ville en flamme
Par cent chemins divers l'Anglais a pénétré.
L'infame Narséa, d'un forfait abhorré,
Dans cette nuit affreuse, a souillé sa mémoire.
Le sort nous a ravi le succès, non la gloire.
Tu méritais de vaincre ; et ce revers cruel,
Cet auguste malheur, n'accuse que le ciel.
De nos braves Français la phalange sacrée
Du palais un moment défend encor l'entrée :
Je mourrai près de toi.

TIPPÔ.

Non : prends soin de tes jours ;
La gloire, la patrie, en réclament le cours...
Mais je sens du trépas l'approche douloureuse...
J'expire entre vos bras, ma mort est moins affreuse.

ALDEIR, *tombe évanouie.*

Ciel !

TIPPÔ.

Je meurs. Mes enfans, conservez à jamais
Le souvenir d'un père, et l'horreur des Anglais.

(*il expire.*)

RAYMOND.

Amis, Saëb n'est plus; et son sang à la terre
Dénonce un attentat digne de l'Angleterre.
Tippô, du sein des morts fais trembler tes vainqueurs;
Que ta cendre féconde enfante des vengeurs;
Qu'ils se liguent partout; que leurs haines profondes
Poursuivent à la fois l'ennemi des deux mondes;
Et, victime à son tour des plus cruels revers,
Que sa chute console et venge l'univers.

FIN.

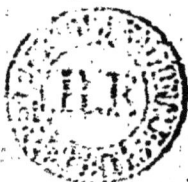

NOTES.

(1) *Tippô-Saëb.* Les Anglais, en appliquant aux noms indiens leur prononciation bizarre, les ont pour la plupart étrangement défigurés. Depuis quelque temps nos historiens et nos géographes adoptent sans examen cette orthographe vicieuse, et rendent ces noms encore plus méconnaissables : c'est ainsi qu'ils écrivent, à l'imitation des Anglais, *Tippoo-Saïb*, au lieu de *Tippô-Saëb*, que les Indiens prononcent exactement comme je l'écris.

(2) Vaincu par mes efforts le roi des Abdalis, etc.

Le pays qu'occupent les Abdalis est un démembrement de la Perse ; il se compose en grande partie des royaumes de Cachemire, de Cabul, et de Candahar. Les Abdalis tirent leur nom d'Ahmed-Abdala, fondateur de leur empire.

(3) Non, de Malavely la terrible journée
    Du Myzore, à jamais, fixa la destinée.

Malavely, village à sept lieues au nord de Séringapatnam. La bataille qui s'y donna, le 27 mars 1799, et dans laquelle l'armée de Tippô-sultan fut détruite par l'armée combinée des Anglais, des Marattes, et du souba du Décan, entraîna la perte entière de l'empire myzoréen.

(4) Raymond qui des Français...

J'ai connu dans l'Inde deux officiers français de

ce nom, également distingués par leurs talens et
par leur caractère : l'un, le chevalier de Raymond,
colonel du régiment de Luxembourg, dans lequel
j'ai servi sous ses ordres, est mort glorieusement
sous les murs de Colombo, en défendant à la tête
d'un corps de troupes malaises l'ile de Ceylan, que
la trahison a livrée aux Anglais. L'autre, officier, du
nom de Raymond, était depuis plusieurs années au
service de Nyzam-Aly, souba du Décan : ses grandes
qualités, et le crédit dont il jouissait près du monarque indien, l'avaient depuis long-temps rendu sus-
pect au gouvernement de Madras, et l'on a de fortes
raisons de croire que la politique anglaise ne fut
pas étrangère à sa mort. Quelque éloge qui soit dû
à la mémoire de ces officiers, et principalement à
celle de ce dernier, comme ils n'ont eu aucune part
à l'événement qui fait le sujet de cette tragédie, je
dois prévenir que, sous leur nom, c'est principalement de M. Chapuis de Saint-Romain qu'il est
question dans mon ouvrage. Cet officier commandait un petit détachement de troupes françaises
qu'il avait amené de l'Ile de France; il fut blessé
au siége de Séringapatnam; et je puis l'offrir non
seulement comme témoin des faits, mais comme
un modèle honorable et vivant des qualités et des
sentimens que j'ai cherché à réunir sur un personnage dont le nom a été illustré dans les Indes par
de grandes actions et de grandes vertus.

(5) Sur la foi des devins il règle son courage.

Tippô-sultan poussait la superstition au point de

ne se déterminer dans les affaires de quelque importance qu'après avoir consulté des devins qui le suivaient partout; il croyait aux jours heureux et malheureux, et tenait registre de ses songes qu'il se faisait expliquer.

(6) Nyzam vend aux Anglais sa honte auxiliaire.

Nyzam-Aly, souba du Décan, dont la souveraineté *nominale* se compose des royaumes de Golconde, de Narsingue, et de Visapour, a trahi successivement la cause de tous les princes indiens en faveur des Anglais, dont il est aujourd'hui sujet et tributaire.

(7) Des tyrans de l'Asie as-tu compté les crimes?

Cette peinture des forfaits du gouvernement britannique dans les Indes orientales n'offre pas un trait qui ne soit conforme à la vérité historique.

(8) As-tu donc oublié cette ville d'Hyder
    Que Duncan détruisit par la flamme et le fer?

Le nom de *Duncan* est ici pour celui du général Matews. Dans la guerre de 1783, ce général qui s'était rendu maître de la ville d'Hydernagore, en fit passer la garnison entière au fil de l'épée, et (ce qui je crois est sans exemple dans l'histoire des peuples les plus barbares) quatre cents des plus belles femmes de l'Asie, dont la moitié appartenait au sultan, après avoir assouvi la brutale férocité des vainqueurs, furent impitoyablement égorgées.

6

Deux mois après ce même général et le corps d'armée qu'il commandait tombèrent aux mains de Tippô, dont la vengeance s'épuisa pendant vingt jours à prolonger leur mort au milieu des plus épouvantables supplices.

(9) *Et tandis que les vents qui règnent sur les eaux*
De nos bords rassurés éloignent leurs vaisseaux.

Ces vents périodiques que l'on nomme *moussons*, et que l'on pourrait appeler *marées aériennes*, soufflent du même côté, pendant six mois de l'année, sur la côte de Coromandel et sur celle du Malabar; en sorte que les navigateurs, pour passer d'une côte à l'autre, sont obligés d'attendre la mousson qui leur est favorable.

(10) *Le trajet n'est pas long aux murs de Cananor;*
Et la reine en tout temps à l'amitié fidèle, etc.

Cananor, grande ville maritime sur la côte Malabar, est la capitale d'un royaume du même nom, dont la reine resta fidèle à Tippô jusqu'au dernier moment. On ne sera pas surpris d'apprendre que la perte de son trône et de ses états ait été la suite de son généreux dévoûment.

(11) *Sha-Zéman est l'époux que mon choix vous destine.*

Sha-Zéman, prince mahométan, petit-fils d'Abdala, fondateur de l'empire des Abdalis, avait manifesté, dès le commencement de son règne, une haine ardente contre les Anglais. Tippô-Saëb voulut s'en faire un appui, et vers la fin de 1797 il envoya

des ambassadeurs auprès du prince des Abdalis,
pour jeter les fondemens d'une ligue dont le but
devait être la conquête du Mogol, et l'expulsion
des Anglais de l'Indoustan.

Ce projet de mariage entre Zéman-Sha et la fille
de Tippô-sultan n'a point de fondement historique.

(12) Qui du cruel Timur farouche imitateur,
      S'honora du surnom de prince destructeur.

Tippô-Saëb, à l'imitation de *Timur-Lem*, que
nous nommons Tamerlan, avait pris le surnom de
prince destructeur.

(13) De nos anciens rajahs la famille éplorée
      Traîne au sein de ces murs une vie ignorée.

A l'époque où les Anglais se rendirent maîtres
des états de Tippô-sultan et de sa capitale, il exis-
tait à Séringapatnam un jeune prince de la famille
du rajah détrôné par Hyder-Aly; les vainqueurs
ont replacé la couronne sur sa tête avec toute l'os-
tentation qu'ils ont soin de mettre au bien qu'ils
ont intérêt de faire. Ce roi titulaire, prisonnier
dans son palais, n'en peut sortir qu'avec la permission de l'officier anglais à qui sa garde est confiée.

(14) Sur la foi des traités à nos braves cohortes
      Que la ville assiégée ouvre à l'instant ses portes.

Ces conditions sont littéralement celles que les
Anglais proposèrent au sultan, et qu'il repoussa
avec toute la violence de son caractère.

(15) Quand sur l'ordre nouveau du Dorbar émané.

Le Dorbar se prend tantôt pour la cour, tantôt pour le conseil des princes indiens ; ce mot répond à celui de divan chez les Turcs.

(16) Mais un bruit se répand, etc.

Quelques bataillons anglais se sont introduits dans la ville par les poternes, dont la trahison leur a livré l'entrée.

(17) Hé bien! cours Idalkan, etc.

Tippô n'est pas mort dans son palais; mais il a été assassiné en cherchant à y rentrer pour y mourir avec ses enfans et ses femmes, comme l'annoncent les dispositions qu'il avait faites.

FIN DES NOTES.